U0784568

阅读成就思想……

Read to Achieve

实体店逆袭

零售业的AI转型之道

［日］一般社团法人零售AI研究会／编著
范俏莲／译

リアル店舗の逆襲

対アマゾンのAI戦略

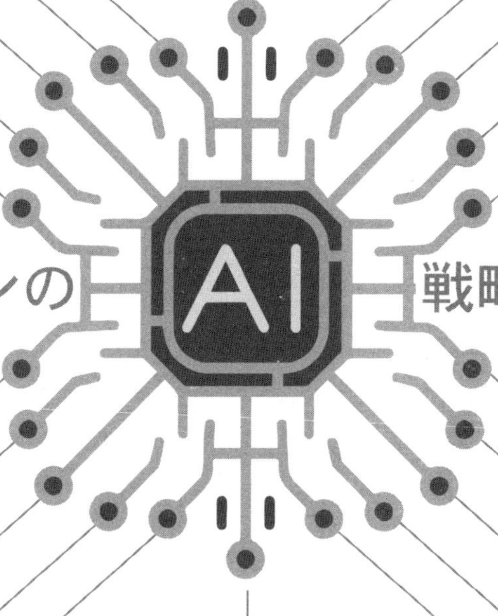

中国人民大学出版社
· 北京 ·

图书在版编目（CIP）数据

实体店逆袭：零售业的 AI 转型之道 / 日本一般社团法人零售 AI 研究会编著；范俏莲译. -- 北京：中国人民大学出版社，2020.6

ISBN 978-7-300-28036-3

Ⅰ. ①实… Ⅱ. ①日… ②范… Ⅲ. ①人工智能－应用－零售商店－商业经营－研究－日本 Ⅳ. ① F733.134.2

中国版本图书馆 CIP 数据核字（2020）第 063004 号

实体店逆袭：零售业的 AI 转型之道

［日］一般社团法人零售AI研究会　编著

范俏莲　译

Shitidian Nixi: Lingshouye de AI Zhuanxing Zhi Dao

出版发行	中国人民大学出版社		
社　　址	北京中关村大街 31 号	**邮政编码**	100080
电　　话	010-62511242（总编室）		010-62511770（质管部）
	010-82501766（邮购部）		010-62514148（门市部）
	010-62515195（发行公司）		010-62515275（盗版举报）
网　　址	http://www.crup.com.cn		
经　　销	新华书店		
印　　刷	天津中印联印务有限公司		
规　　格	148mm × 210mm　32 开本	**版　次**	2020 年 6 月第 1 版
印　　张	5.75　插页 1	**印　次**	2020 年 6 月第 1 次印刷
字　　数	105 000	**定　价**	55.00 元

推荐序

不论是电视里还是杂志上，“人工智能”（AI）已经成为许多商业人士、科技专家口中的热门词汇。虽然我们可以简单地将其归为又一次“潮流”，但这次显然是“动真格”了。并且，以往对于这方面的探索和信息处理技术已经很先进了，“机器学习”“深度学习”（deep learning）技术也已登堂入室。一般说来，一项技术的成功需要经历漫长而曲折的研发过程，但最终总是会一飞冲天，瞬间震惊全世界。当下我们正处于这个转折点上。

东京大学研究生院特约教授松尾丰表示，AI 的优势在于配备了摄像头作为它的“眼睛”。因为有了“眼睛”，才有了寒武纪时期那样的爆发式进化，那场进化相当迅速。这是我们第一次把生物进化史和 AI 发展等同起来，把“AI”这个词的诞生比作生命的诞生。若干年后仿生机器人将面世，在面世后的两个月内它们就会发展到和人类同等的水平。虽然这看起来发展得太过迅速，但只要将人力和财力集中起来，技术便会出现爆发式的进化。医学进步也是如此。一直以来，癌症都被誉为不治之症，但是没几年的时间，癌症的治愈率就屡创新高。

对于生物而言，一旦进入爆发式进化，只有能应对环境变化的新生物才能生存，无法适应环境的生物则会灭绝。当今社会的环境变化也同于此。适应环境的新社会便会存续，不能适应的社会，不论它当下多么壮大，多么强盛，最终还是会走向消亡。AI 也是如此，在现在数字化主导的“第四次工业革命”背景下，我们必须抓住环境变化。

2017 年 5 月，我们正是在一片危机之中，建立了零售 AI 研究会。有的研究人员充满感情和哲思地表示“机器还远远赶不上人类的能力”。另一部分人则认为，随着社会的不断变化，AI 技术也要迎头赶上。

日本国内零售业正面临着人口减少导致的市场缩小、劳动力不足等社会结构变化，在拥有实体店的流通零售业，以美国亚马逊网为首的电子商务大行其道，这自然也是一大威胁。何况，日本的流通和零售领域与欧美相比，存在诸多弊病，这些都在挤压流通零售领域的利益空间。虽然我们明知现状如此，但苦于没有改革策略，因此陷入两难抉择。

我觉得，当下由 AI 主导的创新有可能在短期内打开新局面。有很多向流通、零售业提供商品的制造商以及批发商都加入了零售 AI 研究会，这些伙伴一定是意识到市场的危机和变化了。

本书以参加零售 AI 研究会的各大企业为中心，多角度地阐释了零售 AI 的运作模式。其中各个章节着眼于零售业、制造业、批发业等诸环节，以实际状况为出发点，解释 AI

技术是如何解决各种问题的。为了了解研究人员的思路，我们特地向庆应义塾大学的星野崇宏教授发出了约稿邀请。

关于零售业的 AI 技术应用，我们选取了业内两家对引进 AI 技术态度最为积极的公司，进行着重分析。一家是 SATUDORA 控股公司（位于日本札幌市），其旗下拥有“AI TOKYO LAB”（AI 东京实验室），它在分店及区域之间的联系方面，都应用了 AI 技术。另一家是 TRIAL 公司（位于日本福冈市），它以多年运营的 IT 投资业务为基础，大刀阔斧地开始应用 AI 技术，不断扩大实验，并开设了配备 700 台 AI 摄像头的概念门店。它们的行动意图已经很明显了。

而且，一贯对媒体态度严谨的 TRIAL 集团创办人永田久男先生也表示，若要改变流通零售业，就有必要引进 AI 技术，并就其具体实践方法和经营战略发表了观点。永田先生表示，“AI 的变现（收益转化）”十分重要，这正是他作为企业家的独到见解。

通过阅读本书，如果你能切身感受到流通零售领域目前正在发生的变化，以此激发你对于如何应对这些变化的新思路，笔者将不胜荣幸。

田中雄策

一般社团法人零售 AI 研究会代表理事

目 录

第 1 章

日本最先进的零售 AI

HORI PARTNERS 代表　堀纯一郎

01 リアル店舗の逆襲

2018 年 2 月 14 日，Super Center TRIAL Islandcity 店开业。这家店既是大卖场，又是药妆店，且 24 小时营业，主要面向城市消费人群。开业当天早上 8 点，虽然不是节假日，但店门口已经排满了开车或骑自行车赶来的附近居民（见图 1–1）。

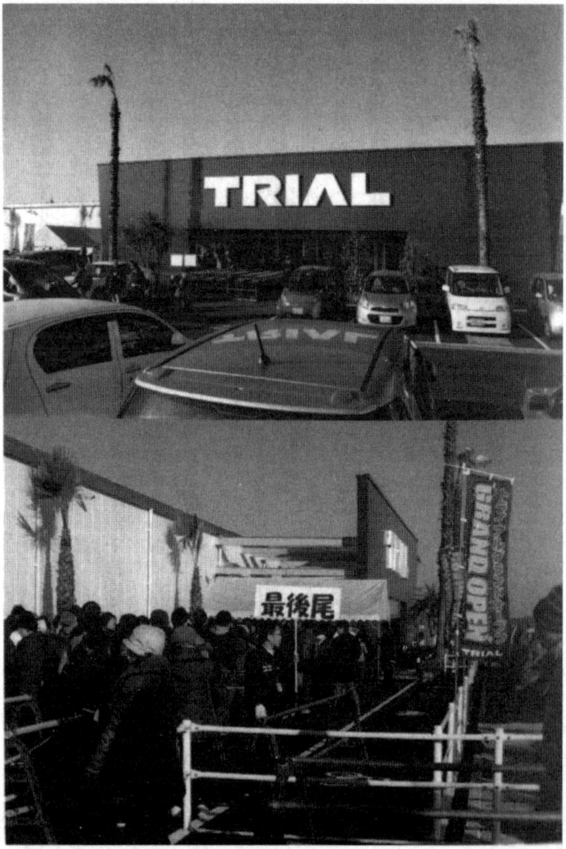

早上 8 点，店前已经排成了长龙

图 1–1　2018 年 2 月 14 日开业的 Super Center TRIAL Islandcity 店

Islandcity 是博多湾填海造岛而成的新兴地区，2005 年由号称“港口城市”和“国际旅游城市”的福冈市设立，大型油轮和游船都会在此停泊。福冈市在众多政令指定的城市中，不论是人口增长量还是增长率都位居第一，Islandcity 也是其战略平台。随着医院、学校、餐饮店、超市和公园的兴建，城市功能不断完善，许多三四十岁的中青年汇聚于此，整座城市充满了活力。

拥有如此敏锐的眼光、捕捉到当地商机的正是 TRIAL 公司（位于日本福冈市），这家企业坐拥本州腹地，全国开设的药妆店已经超过 200 家。众所周知，TRIAL 公司正是由于积极引进 IT 技术才获得了高速发展。这次它们开设新店的目的就是建立一个 AI 技术前哨。该企业的股东、TRIAL 控股集团副董事长西川晋二先生表示：“我希望让零售 AI 彻底改变日本流通零售领域以及市场的运营模式。”

识人辨物——700 台智能摄像头

如图 1–2 所示，店内设有 700 台智能摄像头（AI 摄像头）。多数摄像头都从天棚悬挂而下。摄像头分为两大类，约 600 台主要负责确认货架和商品，剩余约 100 台则负责识别人。

前者以智能机为基础，由 TRIAL 公司独自研发。根据识别出的图像，分析货架的陈列状况、顾客对商品的接触度等。AI 处理则是通过对所有人开放的免费软件来实现的。

图 1-2　TRIAL 店中的智能摄像头

有时候我们在买东西时，会将商品拿到手上但随后觉得不妥又将它放回货架。为了掌握这种行为，需要从拍摄画面中消除人像，并用分层图展示归还商品的位置及方向的变化。这一切已经实现（见图 1–3、图 1–4、图 1–5）。一旦顾客购买了商品，货架画面上商品的图像就会消失。如需捕捉人类的动作，每秒需要拍摄 5～6 张图像，但如果要捕捉货架的变化，1 分钟只要拍摄 1 张图像即可。监视画面会每隔 10～30 分钟，以分层图的形式显示货架的变化，这样的识别程度就已足够了。

尽管货架前人潮涌动，但实际上有过移位的商品却很少；或者相反，人少移位多，此时我们就能分析出各种商品的包

加框部分为接触过的商品

图 1–3　分层图商品接触分析画面

图 1–4　商品识别后的显示画面

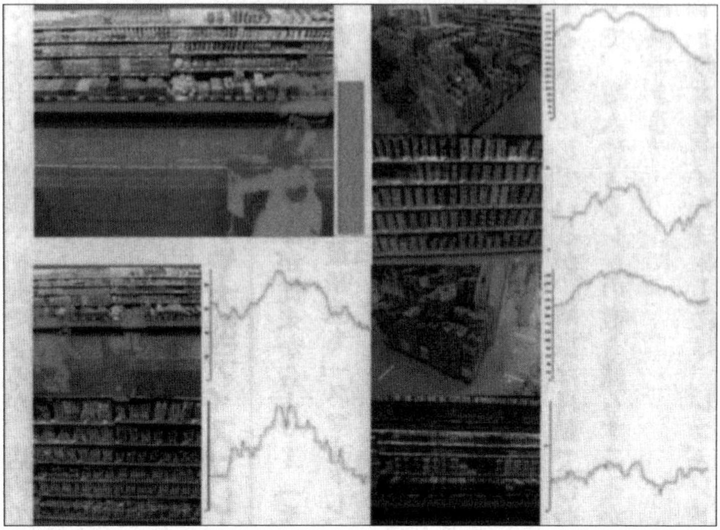

分析结果以图像和时间轴表示

图 1–5　AI 分析结果示例

装设计、卖相是否吸引顾客，适合摆放大量商品的朝向以及陈列方式对购买行为的影响程度等问题。

比如，我们在事先的实验中发现，经过啤酒货架的人虽然不多，但人们确实会被吸引着购买。“面对许多假设，顾客的实际行为如何，这需要靠 A/B 测试来验证。”TRIAL 控股执行干事、经营战略部集团 CTO 松下伸行说道。

主要用于识别人像的摄像头是松下公司的产品。设置这种摄像头是为了推定经过的人数、性别和年龄。其特征是摄像头本体就拥有处理功能，一般被称为边缘型装置。由于考虑到客人的个人隐私，拍摄的画面只会抽取人物特征，而照片则会自动删除。虽然可以从图像提取性别、年龄（大致的年龄段）等信息，但摄像头并不会存储图像。这一设备不需要配备后台图像识别计算机。

设计不容忽视。为了消除压抑感，这些设备的设计风格都很时尚。虽然这些设备的具体识别率尚未公布，但此前已经掌握了机器对年龄和性别的误判率，而且还在不断对其进行优化。

摄像头收集的信息主要包括客流人数、各区客流情况及逗留时间、顾客在店内的活动轨迹等。传统实体店虽然也能通过 POS 机信息掌握顾客的购买情况，但很难掌握他们在店内的购买行为。比如，没有会员卡的顾客、随同顾客来店却未购买商品的家人朋友，这些人的店内行为根本无从掌握。

智能购物车和大型显示屏的变现

在新店，TRIAL 公司投入了最新版 IoT“智能购物车”，物联网（IoT）已历经 TRIAL 公司的反复实验（见图 1–6）。这是它们携手 IT 风投公司 Remmo（位于日本东京千代田区）共同开发的产品。购物车识别事先购买好充值卡后，客人可以边在店内购物，边自行扫描商品条形码（见图 1–7、图 1–8）。

为了以防万一，在顾客离店前，店员还会最终确认是否有商品未扫码，但结账是自动完成的。通过引进这套设备，人工收银台数量减少，并且也省去了顾客在收银台前排队的大把时间。

购物车上的显示屏具备显示推送（向客人推销商品）功能。通过参考顾客特点和所买商品，向顾客推送商品和优惠券（如图 1–7 所示）。TRIAL 公司和 Remmo 公司则可向投放推送广告的厂家收取费用，因此购物车成了重要的变现（利益转化）工具。

新店在店门口和店内都设置了大型显示器，并将对在屏幕上投放广告的厂商收取费用。这种变现策略便是“零售媒介”配置计划（请参考第 2 章相关内容）。

在新店实施的模式不断积累引进 AI 技术的先进经验后，福冈县其他门店以及首都圈的门店也都纷纷引进了这一模式。

图 1–6　携手 IT 风投公司 Remmo 共同打造的智能购物车

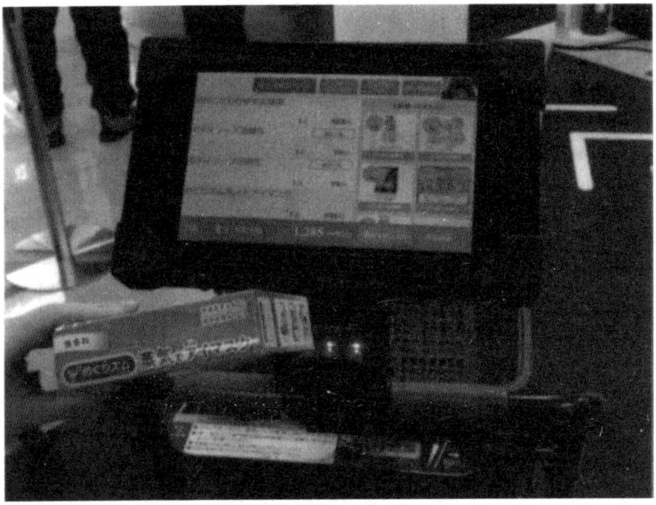

画面显示了推送商品（画面右侧）

图 1–7　顾客可以通过智能购物车自行扫码

扫描智能购物车左右侧贴附的条形码

图 1–8　支付完成后店员核对

预写式 RFID 结算解决方案效果试验

TRIAL 公司已经着手谋划未来，它们采用 RFID 标签，只要正常通过收银台就能完成结账，这就是"预写式 RFID 结算解决方案效果"试验。这一成果由 TRIAL 公司协同松下智能工厂解决方案部门（位于大阪门真市）共同完成。自 2018 年 2 月 19 日起，TRIAL 本部开始向旗下的试验门店"TRIAL 试验店"员工实施这次试验，整整 18 天都在检测这套设备的便捷性（见图 1–9）。

扫描充值卡后，只要将商品装袋，通过收银台即可完成结账

图 1–9　预写式收银台

RFID 是一种使用电子标签，支持无线非接触直接读取数据的自动识别技术。每种商品事先都已经贴上了相应的 RFID 标签（见图 1–10）。顾客完成购物和装袋后，只需在付款通道的入口扫描充值卡，并携带购物袋通过即可完成结

账，从而免去了一一扫描商品的麻烦。

这一技术的关键词就是——快捷。西川晋二先生解释道：“我们检验的就是，预写式结算能否尽可能地减少繁忙的上班族购物的时间。”

为 RFID 标签开发了专用付款通道的松下智能工厂解决方案部门执行干事青田广幸先生表示：“普通收银台扫描三件商品并完成结账，用时一般是 25 秒，而我们这套设备只需要五秒。”

贴附于商品背面（左上）

图 1–10　RFID 相应的电子标签

RFID 技术有望代替条形码，日本经济产业省（以下简称“经产省”）对实验成果同样抱有很大期许。经产省希望到 2025 年，所有便利店销售的商品都能用上这种电子标签，并准备颁布《1000 亿张便利店电子标签宣言》。

另一方面，大型商超的智能化，即智能商铺也在逐步推进。参加了实验发布会的经产省商务服务业审议官藤木俊光表示，“RFID 是实现智能商铺的一个重要环节”。松下此次开发的系统采用的正是经产省规定的 RFID 规格。

RFID 相对于条形码的优势包括:（1）比条形码扫描距离更远;（2）支持一次扫描多个电子标签（条形码必须逐一扫描）;（3）即便同种商品也可以根据专属 ID 进行区分。诸如此类的优势还有许多。

不过，RFID 也有其劣势:（1）每个电子标签的成本为 10～20 日元不等，比条形码的印刷成本高;（2）写入电子标签数据需要一定的时间;（3）液体或金属可能阻挡电波从而影响扫描精确度等。

此次设计的系统也考虑到了提高精确度的问题。关于成本问题，“将来会调整价格，让 10 日元的商品也能用上标签。”青田如是说。

那么新店引进的 AI 技术,实际能否在其他店面使用呢?事实上，RFID 实验面向的正是新概念门店。TRIAL 集团兼顾现在和未来，它们懂得因地制宜地使用最新技术，并继续在流通零售业的前沿奋斗。

AI 程序挂帅解决地区性问题

SATUDORA 控股公司以北海道地区为基地，推进 AI 技术引流，旗下拥有约 200 家药妆店和其他店铺。为了解决地区性问题，2017 年 10 月，它们启用了数据、资源应用团队“SATUDORA 自发创新团队”（SATUDORA INNOVATION INITIATIVE, SII 团队）（如图 1–11 所示）。

利用 AI 技术的第一步就是开发程序，比如丰田汽车公司正在研发的地区信息导航程序“拜托导航”。拜托导航既可以提供 SATUDORA 公司在北海道地区推广的点对点服务“EZOCA”的属性信息，也可以调取丰田地图（名古屋市）的街区活动信息数据（如图 1–12 所示）。

用户只需要用 EZOCA 的 ID 就能登录 App，并支持输入“想吃”“想要”“想去”“求安慰”“买买买”“那是啥”“见个面”等“心愿”。例如，选择“教我做饭”“我要解压”等内容时，AI 就会替你选定周边的设施或正在进行的活动，并向你提供信息。

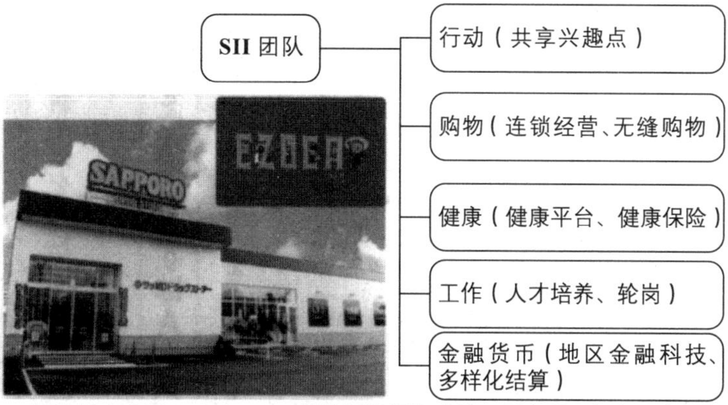

SII 团队旨在应用 SATUDORA 的数据资源解决地区性问题，率先开发“行动”辅助 AI 程序“拜托导航”

图 1–11　SATUDORA 月寒西 1 条店通用程序“EZOCA”界面、SII 团队业务

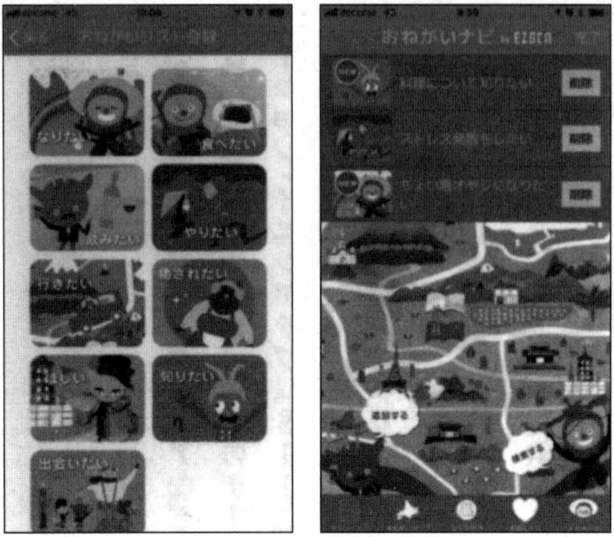

图 1–12 “拜托导航”界面

SATUDORA 集团负责程序开发的 AI 东京实验室（位于东京千代田区）董事长北出宗治称：“AI 会考虑到天气和家庭人员构成，为客户提供‘量身定制的服务’，一旦客户选择接受，就会生成推送；如果不接受，AI 便会为客户提供更适合他的选项。我希望客户能在导航目的地之外发现新的乐趣。”

SATUDORA 的 SII 团队已经和札幌市联动。截至 2018 年 2 月，整整三个月都在进行“健康积分”实验。如果在一个月内每天都能完成步行 8000 步，就能得到 EZOCA 点数 500 点（相当于 500 日元），每月有效。用户注册即可得到 1000 点，如果三个月连续完成任务还能再得 1000 点，加起来一共可以得到 3500 点。

2017 年 8 月共享单车 Moike JAPAN（位于日本福冈市）在 SATUDORA 公司的四家门店设立了停靠点并进行实验，这也成了 SII 团队的研究课题。

此外，SII 团队还将在人才培养、轮岗制度等工作方式以及地区金融科技等金融、货币领域开展项目。

SATUDORA 控股董事长富山浩树在介绍组建 SII 团队的背景时讲道："北海道在治理少子老龄化、人口锐减、人口稀疏等问题上拥有不少经验。我希望北海道能成为日本全域的缩影，从而尽早解决这些问题。单靠我们一家企业或许有些难度，所以才要把 SATUDORA 的数据和资源共享出去，和其他企业、团体、自治体并肩作战。"

SATUDORA 公司已经在自家门店安装了 AI 摄像头，通过引进 AI 技术，它们已经朝地区性问题的解决迈出了一步。

AI 实体店：实现无人化

在流通零售领域，各家公司运用 AI 的方式不尽相同，但我们能够预见这将是一个总体阶段性发展时期。为了使流通零售领域店铺的管理和运营走向自动化，流通零售业团体一般社团法人零售 AI 研究会（位于日本东京千代田区）制定了一套 AI 引进的分级办法（见图 1–13、1–14、1–15

所示）。这套分级办法类似自动驾驶等级，预计能广泛地在诸多领域形成共识，达成普及。

由于流通零售领域涉及的店家数量相当庞大，因此可以预见，引进 AI 技术的成本也会十分高昂。整个行业都在协力奋进，努力实现各个阶段所需的智能摄像头等 IT 设备，以及与 AI 配套的云服务尽早普及，价格尽早下降。我们的终极目标不只是自动下单，而是使店内的货架管理、商务接洽都用上 AI 技术，从而实现自动化。

这就是我们设计的“零售 AI 5 级”。0 级表示完全没有 AI 介入，AI 介入的起步阶段包括 1 级和 2 级，正式应用为 3～5 级。零售业店家的 0 级运营，指的是 100% 人工操作，从 1 级开始支持自助付款，此时人工参与度达到 90%，刚好下降了一成。

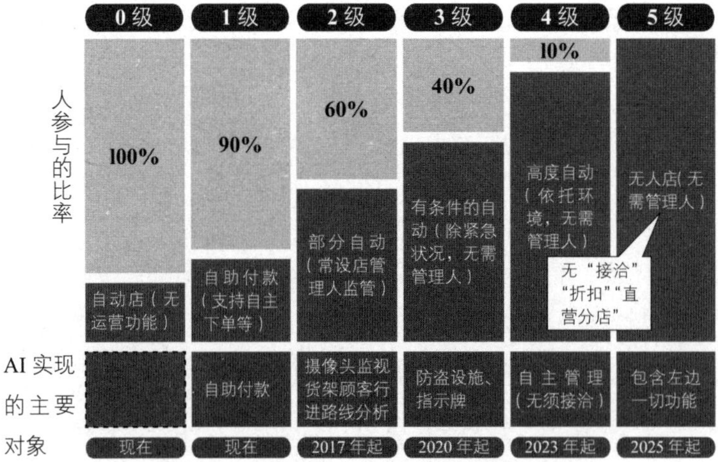

图 1–13　店铺运营 AI 引进级别：零售 5 级

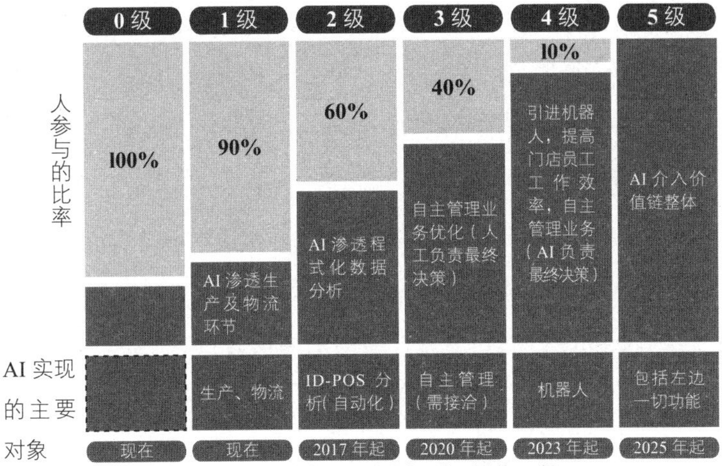

图 1–14　制造商 AI 引进级别：零售 5 级

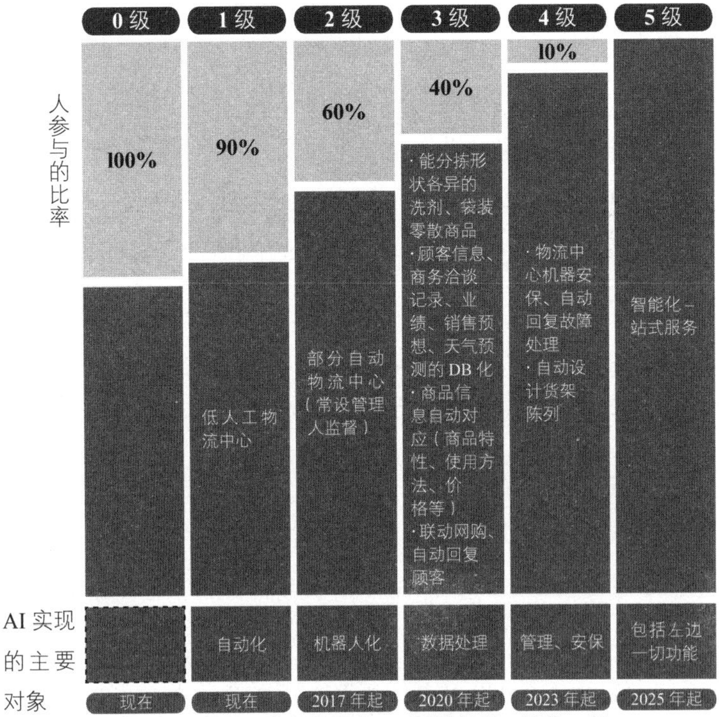

图 1–15　物流 / 内部营销的 AI 引进级别：零售 5 级

从2级开始正式引进AI技术，此时智能摄像头开始监视货架及捕捉顾客活动路线。商用摄像图像由AI深度学习功能进行分析，从而判断顾客会拿起何种商品，是否需要补货，并掌握顾客在店内的行动轨迹。

2017年起就开始引进零售2级，2020年后已经跨入3级阶段。通过解析顾客的一举一动不仅能够有效防盗，店方还可以根据顾客特点和他们在店内的活动分析其商品诉求，并合理设置广告牌。此时，人工参与度仅为40%，已经低于一半了。

美国亚马逊网在西雅图开设的AI门店“Amazon Go”用摄像头来确认商品，并支持链接手机软件，提供自助结账服务。如果按照零售AI 5级来推算，这家店相当于3级的水平。

4级支持自动化商品管理和发货，而5级则在2025年之后有望实现，这一级别完全不需要指派管理人。研究会表示，一旦达到5级，与现在营业相关的商务接洽等步骤将完全消失，连制造商支付给流通领域的那笔一同打入货款的“回扣”等商业习惯也会消失。

零售5级关乎流通零售领域的供应链，涉及的企业范围更为广阔。除了流通零售业店家的运营之外，还包含商品制造商、批发商的物流/内部营销等5级。

向流通零售业引进AI技术，即“零售AI”在实体店的应用才刚刚起步。而各家企业真正的用意何在？零售业、制造业、批发业等其他领域的企业又会以何种思维模式、何种战略推进AI技术的引进呢？我们将会在以下几章进行说明。

第 2 章

店铺篇：实体店的 AI 战略

02 リアル店舗の逆襲

把门店变成广阔的 AI 试验基地

TRIAL 控股集团　**西川晋二**

在我们研究日本流通零售业的未来时，一个无法回避的话题就是，老龄化和人口锐减导致的市场缩小。根据日本国立社会保障人口问题研究所的推测，1.27 亿总人口未来将长期面临人口减少的局面。到 2040 年，日本人口会缩减到 1.11 亿人，随后到了 2053 年，人口将不足 1 亿。

如今这个社会，国民的“物质生活”已经达到顶点，今后要想提高个人消费恐怕希望渺茫。国民的物质性消费正向精神性消费转型。因此，流通零售市场的缩小将无法避免，现存的零售企业必须做好准备抵御人口减少带来的危机。

人口减少问题与劳动人口减少关系密切，流通零售业也将面临严重的劳动力不足问题。这将是一个长期而深刻的问题，我们必须找到釜底抽薪的解决对策。

对抗颠覆式创新的入侵

以美国亚马逊网为代表的国内外网上零售企业也将开始向传统零售业施压。它们已经跨过了行业的门槛，从难以预测的行业死角为契机进入市场，争夺客源。这便是所谓的“瓦解”，它是一种颠覆式创新。因此，流通零售业面对这场颠覆性的市场争夺战，不得不运用“颠覆式创新 VS 颠覆式创新”战略进行抵抗。TRIAL 集团正准备成为突破这个颠覆性变化的时代重围的流通零售领域“领跑者”。

TRIAL 公司要从这个颠覆性变化的时代脱颖而出，必须依靠寡头垄断以及 IT 和 AI 技术来提高效率。因此，2018 年 2 月 14 日，TRIAL 集团在福冈市开设了日本第一个智能实体店——Super Center TRIAL Islandcity 店。这家店位于商圈入口，符合寡头垄断模式（商业模式）和占领式战略（特定地区内集中开设店铺，提高经营效率，从而扩大区域内市场份额，取得优于其他企业的地位）。

Super Center 新店的经营模式效法了美国沃尔玛的成功案例，现已成为 TRIAL 公司的主打经营模式。所经营的商品从以生鲜制品为主的食品到生活消耗品，一应俱全，提供一站式购物体验，足以满足人们日常生活所需。因此，新店和折扣店、大卖场以及药妆店互相竞争。

新店的目标顾客很有特点。此前 TRIAL 公司门店的主要客源是老年人，而新店所在商圈的主要客源年龄层偏低，因此不仅要留住老年顾客，还要努力获得年轻一代的青睐，为他们提供新鲜的购物体验。这就是要开设“智能商铺”一号店的原因。

截至 2018 年，TRIAL 公司创业已逾 30 年，在流通零售领域自主开发了自家的经营体系。它们也在中国投入了研究人员，IT 投资项目十分庞大。在“流通零售业科学化”的理论指导下，TRIAL 公司善用 IT 技术，不断完善商品战略、店铺战略，努力满足顾客的需求，在此基础上又引进了 AI 技术。它们正加快脚步，努力成为一家“能在瞬息万变的时代杀出重围的流通零售企业”。这家新店正是它们打造的旗舰店。

它们利用 IT 和 AI 技术的目的不仅仅在于协助提高顾客的购买体验，还为了将 AI 应用于提高店铺管理效率的创新尝试中。它们挑战的目标是更高水平地应用顾客信息，更好地进行分区 / 货架状态管理，实现顾客店内行为可视化及促销方面的应用。

智能摄像头和智能购物车是提高效率的王牌

新店在提高效率方面的具体措施包括设置约 700 台智能摄像头（AI 摄像头）、引进 100 多个智能购物车（具备自助结账功能和显示终端的购物车）。

智能摄像头支持利用 AI 技术识别图像，在保证顾客隐私的前提下，365 天 24 小时不间断地让店内几乎所有的货架状态及顾客行动路线实现可视化和定量化。具体来说，700 台摄像头中约 600 台负责捕捉货架图像，实现货架商品陈列状态的可视化，同时也用来掌握经过货架的顾客人数，以提高店铺管理效率。剩下的约 100 台摄像头会在保护顾客隐私的前提下显示店内顾客的活动轨迹，主要用于为商品制造商提供市场情报（详见第 1 章相关内容）。

另外，由于智能购物车支持专用充值卡，顾客登录后就可以自行扫描商品条形码，无须排队便可结账。同时店方也可以缓解收银员人手不足的问题。特别是在店方越来越难留住收银员的情况下。因此，一旦引进了支持自助结账的购物车，就可以大大减少人工消耗。此外，自从新店引进了自助结账和半自助结账功能的设备，普通收银台数量较同等规模的其他店铺少，从而实现了节省人工的目的。

今后是否能更加节省人工，这就要看顾客对智能购物车的接受程度了。我们十分期待引进的这 100 多台智能购物车能够大显身手。

当然，流通零售领域还存在着许多不精确、不均衡和不合理的地方，TRIAL 集团预计，整个市场约 30%（相当于 46 万亿日元）的成本尚未得到优化。

“零售媒介”的变现

其实，还有很多潜在的变现（收益转化）机会，比如市场运营。新店开展了一套新的经营模式——“零售媒介”。其中一项就是装配在智能购物车上的显示终端，比如推送功能（如图 2–1 所示），在对智能购物车进行扫码时，屏幕上会显示菜谱，并推荐顾客去购买配套食材。这样，智能购物车就成了一个媒介，通过对向显示终端上投放广告的生产商收取广告费，就能实现变现。

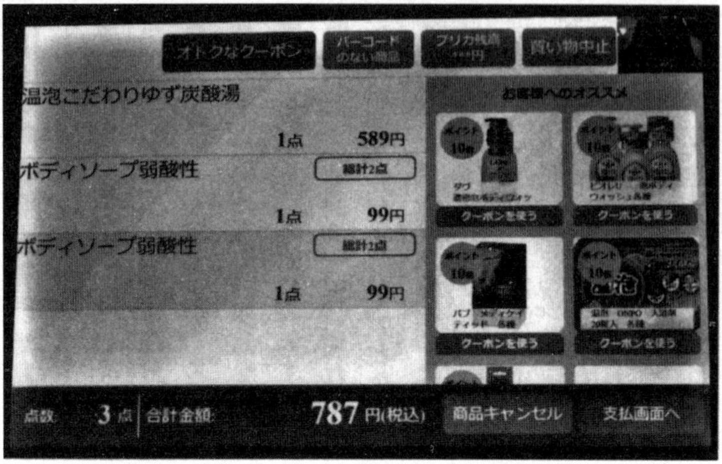

图 2–1　智能购物车终端上显示的推送（向顾客推荐商品，见图右侧）

此外，店门口设置的大型 LED 显示屏（见图 2–2）和店内墙壁上安装的液晶显示器（见图 2–3）上也都可以显示各种商品，这就是所谓的“零售媒介化”。

店内主通道上的一部分货架安装了新式零售媒介——“主通道用智能货架”（见图 2–4）。它兼具显示价格和广告牌两种用途，相当于在货架上安装了显示屏。它可以感知顾客是否来到货架前，是否拿起过商品，并可显示商品促销信息、变更商品价格等。有机整合零售媒介，将其应用到促销中，使之成为一套综合性零售媒介，目的是能和生产商共享它的功能。

图 2–2　Islandcity 店入口处设置的大型 LED 显示屏

图 2–3　店内墙壁上安装的液晶显示器

图 2–4　主通道用智能货架

美国亚马逊也开设了同样的智能店铺，那就是无人超市 Amazon Go；同时，随着中国无人便利店的异军突起并在业内引领浪潮，我们可以看到越来越多运用最新技术运营零售店铺的例子。和这些智能店相比，TRIAL 公司的智能店的成本更为合理，因此有望开设多家店铺，我认为这就是它们的优势。

把新店作为大型试验场，通过“零售 AI”改变日本流通零售业和市场运营方式，这一创举正是向世界发出的挑战书。

“机器之眼”——AI 代替人工

下面介绍一下关于设置智能摄像头的背景。当时，一些有前瞻意识的零售业店家在发货管理、仓储管理、销售管理这些数据管理方面积极推进信息化。而在实体店运营中，店铺管理、商品管理的负责人都需要在店内巡视，以此发现问题。因此，我们需要进行走动式管理（Management By Walking Around, MBWA）。但是由于卖场内各类商品分区空间巨大，若要处处巡视就十分困难，并且还存在人力不足的现实情况。实际上，店铺不得不尽量用最少的人工，办最多的事。特别是流通零售业讲究每日低价（Everyday Low Price, EDLP）向每日低成本（Everyday Low Cost, EDLC）的转化，因此让那么多员工视察点检店内各处，显然不符合规律。

因此，正如图 2–5 所示，我们让店内遍布智能摄像头，就可以替代观察客人行为的管理者的工作了。而且装配了智能摄像头的“机器之眼”后，可以在短时间内完成大范围的巡视。换言之，不论在空间上还是在时间上，它都远远超过人类的能力，可以高水平地掌握店内一切情况。

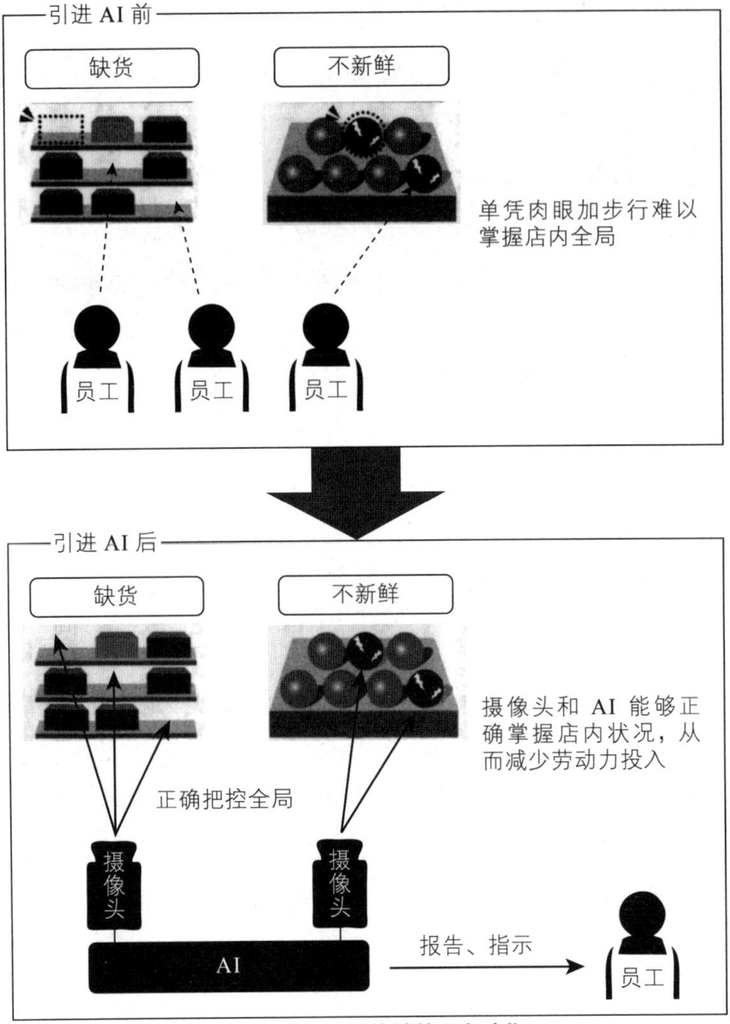

图 2–5　AI 实现店铺管理自动化

实现“客人在店内行为”的可视化

智能摄像头在把握店内顾客活动上也能大显身手。此前，为了了解店内顾客的活动，全靠销售信息（带 ID 的 POS 数据——ID-POS 数据）和店员的模糊印象。自引进智能摄像头之后，无论顾客的行动路线还是他们在某些货架前的逗留情况，以及拿放商品的行为，都将实现“可视化”。

这些数据不仅在流通零售领域，还在制造业显得弥足珍贵。在掌握店内顾客活动的基础上进行经营，这就是“顾客导向型经营”。在这一观点的指导下，制造商也拥有了“一定要掌握的数据”。制造商以往只能通过自家产品销售情况和店内走访的方式来获取片段性信息，并且只能在这些信息的基础上试行“顾客导向型经营”策略，但引进智能摄像头后，制造商不仅能够掌握自家产品的情况，同时还能了解顾客对同类货架上其他厂家商品的拿放情况、购买情况，从而享受到 AI 技术的优势——不做店内走访，仍旧总揽全局。

2018 年 1 月，美国纽约举办了由全美零售业协会（National Retail Federation, NRF）主办的展览会。会上展示了许多能在店内自动游走的机器人，它们正是实现店铺管理自动化、AI 化的手段。同时会上还介绍了一些店铺实验积累的先进经验。TRIAL 集团早先也研究过让搭载“机器之眼”的机器人在店内巡回的方法，但它们正是看准了智能摄像头成本更低，且监控范围更广的优势，才选择在店内安装智能摄像头，并开展了实验。这并不意味着否定了让机器人在店内巡回的方式，只是它们认为让多台机器人在店内游走、巡视的方法稍欠妥当。只要我们意识到，店内需要能够一年 365 天 24 小时无死角地对各种商品进行查点的智能化设备，那么在店内设置多台智能摄像头的方法就是行之有效的。不过我认为，欧美是否能够推广机器人的“机器之眼”，还需要持续观望。

AI 分析：猪排盖饭卖相对购买的影响

有些店铺会对鲜果、精肉、鲜鱼、蔬菜等食材进行加工，采购菜品原材料，经过烹饪制作成便当。在制作过程中，菜品包装的美观度和卖相是吸引顾客购买的一大要素。

因此，我们可以通过使用“机器之眼”，即用 AI 采集图像并对产品卖相做出客观的评价。采用这种方法的目的在于使商品的加工过程能维持一定的标准或改善质量。TRIAL 集团在智能摄像头应用领域也在研究商品的美观度和卖相。其中一项就是对猪排盖饭卖相的研究，主要是通过图像来分析和评价什么样的卖相才能吸引人去购买，是不是能得到一个比较固定的标准。这正是它们所面临的一场挑战（请参考本章“AI 摄像头领航数字化经营”部分）。

“机器之眼”和 AI 在防盗领域上的应用

对于流通、零售领域的店家来说，防盗也是经营活动的一大主题。其实在这两个领域引进“机器之眼”和 AI 之初，我们的重要中期目标就是防盗。

早前在零售店铺中，各处都会装配防盗摄像头，用以采集大量图像，而拍摄到的影像在一段时间内会被保留。但这些保存下来的影像，只有在失盗后，并且是在人为监视下发觉盗窃行为并报警时才能派上用场。不可否认，这种传统意义上的、专门用来记录影像的防盗摄像头在“威慑力”方面实在没有多大效果。对于那些高智商犯罪者来说，他们认为，“拍到不要紧，只要不被抓就万事大吉”。

虽然使用实时录像的方式可以进行实时监控，但这种方式却需要动用大量监控人员长时间执勤。只是若不使用这种方法，监控范围和覆盖面就会变小。

使用“机器之眼”和 AI 新方法的目的在于创造“高隐蔽性威慑力”。智能摄像头拍摄的影像可以实时监控，因此可以识别标志性可疑行为，从而在犯罪行为发生前就发出警告。比如，收到警告后，店员就会故意走入这个可疑人物的视野内，做出提醒行为。通过这些手段就能制止有犯罪意图的人停止犯罪，做到“防患于未然”。重中之重是制造出“这家店不容易偷”的氛围。通过“机器之眼”和 AI 技术，我们可以达到和人工巡逻一样的效果。对于这些恶性案件，机器会记录过去被举报或有嫌疑的人的影像资料，从进店人员影像中搜寻出嫌疑人，让店员有的放矢地防范他们。通过报告监视人员或直接报警的方式，我们就能对盗窃者实现有效的威慑了。

实体店的“批量定制”

电商和颠覆式的创新已然跨过行业门槛，开始入侵拥有实体店的零售业市场。面对它的威力，我们必须也要用颠覆式创新来对抗。刚才为大家讲解的就是机器之眼和AI的创新应用。

不论是美国的亚马逊还是中国的阿里巴巴，都是很有颠覆式创新的电商企业。为什么它们要盯上实体店呢？它们的目的在于实施“批量定制”战略，通过最大化的经营，实现销量和利益的最大化。“批量定制”战略是指在提供符合个人要求的商品的同时提高顾客购买率，并向顾客大规模推广这一购物模式，从而实现批量化的战略。因此，它们最厉害的武器就是客户信息和购买记录，它们需要最大限度地搜集和利用这些信息。我们要注意，由于网购市场能搜集到的记录和客户信息不够健全，因此它们也需要向“实体店”看齐。原因如下。

消费者购物模式主要分为“计划购买”和“非计划购买”。买过的商品、平时常买的商品都在顾客的“购物单”上拥有一席之地，对于“计划购买”的商品，顾客一般会选择最方便、最便宜的渠道去购买，而此时网购就显得十分便捷了。

另外，有的商品尽管不在“购物单”上，但是在面对实体店货架上琳琅满目的商品时，顾客可能会拿起中意的商品，索性一并购买——这就是“非计划购买”。

超市、大型卖场、超级购物中心，这些形式的店铺都能提供各类商品，满足顾客一切生活所需，以此为顾客的生活做出贡献。顾客一般不会单人到店，而是会携带家人、朋友一同购物，在众多商品中选择各自的生活所需，此时很可能会随手购买一些其他商品。电商们正是看准了实体店在引发“非计划购买”方面的作用。

AI 实体店“瓦解”电商企业

对于拥有实体店的零售业来说，它们反而要去想方设法找到使电商企业群“瓦解”的战略。

拥有实体店网络，坐拥各家门店商圈，顾客到店，并不会区分“计划购买”和“非计划购买”，而是随意拿取商品，随后购买，实体店正是这样的地方。而电商企业追求的“批量定制”在这里同样适用。运用这一手段的第一步就是去做好各处店铺的优化工作。

优化门店可以靠引进 AI 来实现（见图 2–6）。使用 AI 技术，我们便能以前所未有的精度和深度去分析商圈。在寻找最适合的店址时，不再依靠人的经验、直觉以及魄力去做出决定，而是运用 AI 技术分析信息和判断最佳地段的各类数据。其实，不仅搜寻最佳地段，寻找最佳经营形式、最佳风格配置也需要问问“AI 大师”。

此外，各家门店的最佳商品品质构成、品类构成以及价

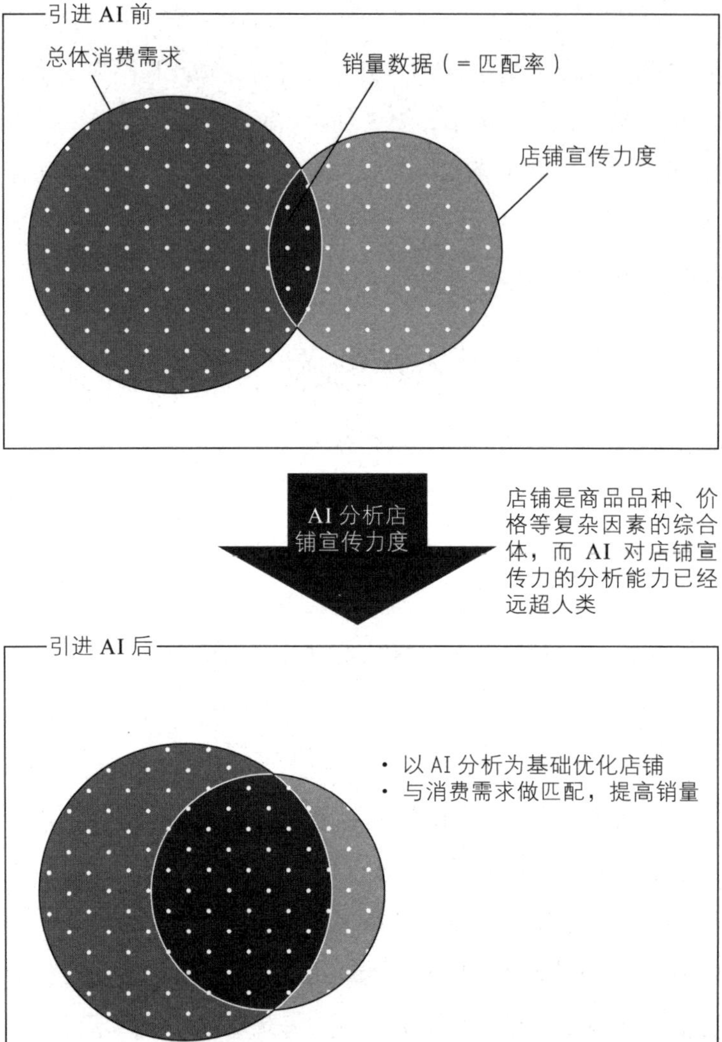

图 2–6　响应消费需求的店铺优化

格政策等，都是引进 AI 技术分析的对象。特别是品类构成和价格政策，如果能精准分析店址附近存在竞争关系的其他店铺的状况，就能寻找到击败对手的最佳策略。

若要简单地分析销售情况，那就是顾客数量 × 单品均价 × 销售量。如果“批量定制”战略进展顺利，就能寻找到顾客需求、商品种类以及价格政策三者的平衡点，从而进一步提高销量。为此，就要收集必要数据、在地图上展示分析结果，其中还包括 GIS（地理信息系统）等许多 AI 技术应用创新。

如前所述，实体店运用 AI 技术，可以构建“零售媒介”，从而寻求一种为顾客量身打造的宣传方式。

电商企业本身就是靠信息产业起家的，它们能给顾客提供便于操作的高质量用户界面（UI）和用户体验（UX）。为了对抗这些电商企业，实体店需要通过 AI 和 IoT 技术，以及零售媒介实现信息化，再利用零售媒介推动用户界面和用户体验的进步。这样就能比电商企业的网购更为便利、更为轻松。

AI 摄像头领航数字化经营

松下伸行

早在 21 世纪初，研究机器人“眼睛”的计算机视觉研究人员就认为，让机器人分辨猫和狗几乎是不可能的。但近年来，随着 AI 技术的迅速发展，如今其精度已达 99% 以上。这种处理叫作“图像分析”，就像是使用计算机给图像贴标签。如今计算机已经能够识别成千上万种图像了。

计算机视觉进化，打入实体店

如今很多 AI 摄像头被开发出来，并在实体店中进行效果实验，这就是技术进步的背景。为了识别人像，摄像头会设置在收银台和货架前，一般用来自动确认顾客的年龄、性别等属性。市场营销所需的信息就是什么样的客人会对什么样的商品感兴趣。

此外，店铺入口处也会设置 AI 摄像头，计算顾客人数，以此确认能把多大概率的顾客吸引到店铺里。它起到的作用就是进行店内设计的 A/B 测试。

下面举一个物体识别的例子，AI 摄像头朝向货架，就可以让机器识别货架商品的位置和种类，以及顾客是否会拿取商品、货架上是否有缺货。

在店内各处设置 AI 摄像头，这种方式将会改变今后的信息化经营模式。如今 AI 摄像头在实体店的应用已经正式进入实用阶段了。

零售商自主研发 AI 摄像头的时代

前文已经讲过不少 AI 和摄像头在图像识别方面的应用

了。但摆在我们面前的课题是，怎样研发出最好的 AI 摄像头。

AI 摄像头由以下三大要素组成：（1）AI 引擎；（2）摄像头组件以及 CPU（中央处理器）等硬件设备；（3）控制类软件。

下面是它的开发方式。

一方面，AI 图像识别会促发算法库的开启。以谷歌 TensorFlow 为首，美国加利福尼亚大学伯克利分校开发的 Caffe、AI 风投公司 Preferred Networks 开发的 Chainer 以及索尼公司开发的 NNabla 等在内的许多算法库已经问世。其基本知识在网上随手可查，因此几乎没有开发成本。如今已经是可以随时使用 AI 图像识别算法的时代了。

另一方面，关于硬件，比较现实的做法是利用智能机的基板和零部件进行制作。世界上产量最大的 LSI（大规模集成电路）就是用于智能机芯片的，可谓低成本量产化。

智能机所用的 LSI，不仅可用于 CPU，也可用于网络、图像处理、显示、传感器、声音处理等多种处理模块，它属于混合型 LSI。当然智能机也装配了处理摄像头信号的模块。换言之，让数码摄像头的 LSI 装载智能机所用的 LSI，通过大量生产，智能机用的 LSI 就会比数码摄像头的 LSI 便宜许多。控制摄像头的软件性能也是在智能机中比较高的。

中国制造的智能机价格不高，一般都是 1 万日元以内。要想低成本地开发 AI 摄像头，还是拆解智能机来得有效。智能机上最大的部件就是液晶屏了，它的耗电量也相当大。

一旦拆除液晶屏，电池也可以做得小一些。如果把其他不需要的部件都拆除，那么甚至能做出橡皮大小的 AI 摄像头。

近年来，随着创客（Maker）潮流的盛行，风投公司也开始投向制造业。比如日本秋叶原就有一个专门用来发明创造的众创空间 DMM.make AKIBA，博多则有政府和市民都能使用的 smartup 支援设施 Fukuoka Growth Next，这些地方都提供类似 3D 打印机和基板制造机等高级设备的租赁服务，同时也会代为介绍需要量产的企业，或者代办手续。像这样能为有想法的投资商提供制造方面支援的地方越来越多。在这样的市场形势下，即便不是电子制造商，只要懂得利用智能机的基板和零件，就能快捷廉价地开发出 AI 摄像头来。

TRIAL 集团正是了解到了这种环境变化，才会开发自主品牌的 AI 摄像头，并且这种开发也是逐步进行的。

拥有实体店其实是助力量产化的一大优势。如果一家店配备 500 台摄像头，200 家店就是 10 万台。制造方面，如果外包给中国深圳的工厂，最少也要几千台起步。TRIAL 集团旗下的一家公司就能下 10 万台的订单。量产效果方面，可以接受的价格是一台摄像头 5000 日元左右。

TRIAL 集团在中国有 300 名 IT 技术人员，这样，就很方便和中国的生产基地取得联系。并且，用智能机做基板，我之前在索尼主要参与开发 Cyber-shot 美颜模式和 Xperia 美食拍摄模式时积攒的经验和人脉也能在其中发挥作用。

TRIAL 集团最大的优势在于，可以用自家店铺做效果实验。单靠电子制造商是不可能详细了解零售业的需求的。我们既有实验场地，又有 AI 技术和设计技术，因此我们能开发出符合消费者需求的新型 AI 摄像头。

回收利用“老爷机”，效果实验进行时

如果一家公司独立研发 AI 摄像头硬件，恐怕需要数年才能完成，因此我们关注的是低价回收利用旧款智能机。现在在市面上的智能机中，有 2016 年发售的旧款产品，当初的发售价大约 30 000 日元，现在花不到 8000 日元就能买下。降价并不是因为性能不够优良，而是款式陈旧。

2018 年 2 月开张的 Island city 店设置了约 700 台摄像头，其中约 600 台就是用智能机改造的 AI 摄像头（除此之外，其余约 100 台是松下公司的制品。请参考第 1 章）。这一阶段主要是在实体店进行 AI 摄像头效果实验，寻求生产商的帮助，从而探索变现方式。寻找变现的可能性，判断有无自主硬件开发投资，这也是实验的目的。

研究 AI 处理的分工，助力即时应用

利用旧款手机必须直面一个问题，那就是软件无法自动更新。原因在于它的使用权限和普通手机一样。为了获得管理者权限，必须对手机进行“root”处理。这个方法可以实现自动重启电源、远距离操作、软件自动更新等功能。

AI 处理是由智能机完成，还是由店内设置的服务器完成，这都需要进行分工。新店只使用智能机进行控制、实时监测、图像压缩发送等简单处理。人物识别、商品确认等 AI 处理则需要由店内的服务器来完成。

600 台智能机只要一分钟拍摄一张照片，一天就能拍摄近 100 万张。如果一张静止图片需要 1M 存储量的话，一天就需要将近 2T。很显然，这么大的存储量在应用上处理起来很不现实，因此要根据时间和地点控制拍摄间隔，来压缩数据，并结合各种方式，尽量减小所占的存储量。

通常，一秒时长的视频由 30 张静止画面组成。不过，零售专用摄像头允许降低拍摄频率。比如为了确认货架变化，一分钟拍摄一张照片就足够了。这样存储量就达到了 1/8000。因此，尽管店内有多达 600 台摄像头，但服务器足以应付。

巧用 AI 素材库，提高开发效率

零售店安装摄像头拍摄货架，并以 AI 图像识别来确认货架状态，其最需要面对的重要课题是如何缩短开发时间、提高开发效率。

关于图像识别的研究很早就已经开始，比如美国卡内基梅隆大学、麻省理工学院的研究人员，以及世界上其他的研究人员，一直都在开发新的算法、发表新的论文。近年来，图像识别已被应用到标准程序中，以此体现价值，因此，不仅是算法，有许多源代码也开始公开。并且，因为这些源代码都属于开源计算机视觉库（Open Source Computer Vision Library，OpenCV），所以可以轻松调出。除此之外，OpenCV 是美国英特尔公司开发并公开的开源代码，主要针对电商投放的软件资源库。因此，图像处理 AI 技术由于这项开放性的创新而获得了空前的快速发展。

下面将对 TRIAL 公司着重开发的、就零售业分析比较有效的“动态处理”“商品识别”“人像识别”方面的 AI 资源库进行说明。

动态处理 AI：消除运动物体，单独识别货架

在货架前设置摄像头拍摄货架的视频时，由于顾客会经过货架，摄像头会连同顾客一同拍摄。AI 摄像头为了确认货架状况，需要使用动态处理技术，将货架前的人像消除。

正如多年前的一篇论文所说，由于 OpenCV 资源库使用的是 Python 编程语言，因此这一技术可以和应用程序接口（Application Programming Interface，API）组合使用。例如，进行区域提取、步行者探知等图像处理操作。当有人经过摄像头时，摄像头的明亮度会自动变化，因此单纯的图像差值往往会导致误识别。而使用图像处理技术则可以先检测图像边沿，再去获取差值等。

商品识别 AI：精准区别“蘑菇山”和“竹笋村”

为了识别货架上的商品，先要彻底掌握商品种类，并事先录入图像信息。商品数据化需要耗费大量的时间。比如，要想识别桶装方便面，就需要有它的图像资料库。这需要将商品静置在旋转台上，360°拍摄其影像。在拍摄时，上下需先取 60°和 30°的角度摄影，再取 15°和 45°角的正视图，这样才能进行图像合成。要想识别店内的所有商品，就要掌握上万种商品的图像。

由于货架上摆放什么商品由陈列设计决定，并不需要从世界上所有商品中选定目标物，因此难度不大。虽然物体识别是深度学习的最典型的特性，但只靠它也不能完全胜任商品识别的工作。比如，有种零食叫作“蘑菇山”，还有一种叫“竹笋村”，它们包装相似，因此容易被误识别。

今后，除了要发展以深度学习为基础的物体识别技术之外，还要结合以传统特征量数据库为基础的商品识别技术。这一技术和制作全景照片的技术是一样的，需要重复分割、确认照片的动作。通过结合各种数学算法，甚至可以计算出一张照片内多个商品的数量。

人物识别 AI：确认顾客在货架前的正常行为和可疑行为

人物识别一般会使用形状信息、特别是亮度梯度信息进行识别。所谓亮度梯度，就是利用从图像暗处向明处的亮度差确定边缘。在利用亮度梯度进行人像检测中，比较有名的是 HOG 特征量。最新的 OpenCV 中，对 2006 年的技术记载了好几十行，这些技术可以实现人像追踪。但如果需要更新一些技术，那就需要参考论文之类的文献，自己动手安装了。

除了特征量，近年来利用深度学习进行人物检测也很流行。OpenCV 中有名为“dnn”的深度学习模块，通过深度学习可实时进行物体识别。它不仅能识别人，就连沙发、狗等许多物体都可以识别。除此之外，只要呼出这个 API，就能检测出照片中的人像。

所谓“火柴人”，就是识别人类四肢及身体动作，用棒状图形表示人的骨骼。这类技术发展的速度十分惊人，从最新的论文和成果来看，它已经超出了我们的想象。比如，目前公开的算法已经可以对一段舞蹈影片进行实时骨骼识别。顾客在货架前的行为、对商品的拿放以及突然下蹲的可疑举动都能得以识别。因此，机器将能识别多种行为是大有希望的。

“猪排盖饭”AI：卖相和口味均质化

目前，运用图像识别 AI 自动识别猪排盖饭卖相的系统正处于实验阶段。决定猪排盖饭卖相的关键是“洋葱”“鸡蛋”“大葱”和“米饭”搭配的均衡度。此外，如果是糖稀蛋的话，看上去就会更可口。但是店内负责做猪排盖饭的厨师，却不一定每人都有好手艺，不同厨师做出的猪排盖饭口味也是千差万别，因此销量也会有起有落。这就需要用 AI 摄像头使菜品均质化。

在厨房的切配台上方设置 AI 摄像头，可以定期进行拍摄。由于有 30 多碗猪排盖饭要同时制作，这就需要机器能从照片中自动确认餐具，对每碗猪排盖饭进行区分。随后，通过深度学习，逐一识别“洋葱”“鸡蛋”“大葱”“米饭”等配菜，再调用众多厨师教学数据，将卖相转化成数值。通过这些技术组合，我们便可以运用这些数值，尝试将猪排盖饭的卖相根据手艺好的厨师制作出的可口风格来确定一个标准，以便随时提供这个水平的商品。这就是我们的目标。

由于配菜表可以变化，除了猪排盖饭，这个方法还可以在寿司、幕间便当等多种便当和菜品中推广。

开放性创新下的图像识别 AI 的进步可谓日新月异。AI 已经不只能解决“如何识别”的问题，还能解决“识别什么”的问题。如今已经进入了“识别什么”的时代。对于识别，零售业的需求是什么？生产商的需求是什么？进一步说，顾客的需求是什么？想要考察这些内容，还是需要回归商业本身。

下面介绍几个 TRIAL 公司使用 AI 摄像头的功能测试实例。

分析方法 1：商品接触分层图

新店设置的 AI 摄像头会通过分层图（参考第 1 章）对客人接触货架商品的状况进行自动计算。每隔 10 秒，摄像头就会对货架进行拍摄，以提取商品位置及朝向变化。商品变化包含顾客拿起商品又放回去和实际购买两种情况。ID-POS 只能记录顾客实际购买的情况，而使用 AI 摄像头还可以掌握顾客“虽然拿取但最终未购买”的情况。

分层图数据每隔 30 分钟就会根据 600 台摄像头拍摄的图像自动更新。这样就能检测出客人拿取商品但最终没有购买的情况。

分析方法 2：到店顾客统计

AI 摄像头可以自动统计来店人数和顾客行走方向。每 30 秒的货架拍摄，可以单独提取所经过的客人的影像，并通过检测他们步行的方向和速度，将其在店内货架前的活动模式数据化，从而让我们掌握哪些货架前何时有多少人经过，以及哪个货架前驻留的客人多、他们朝通道的哪个方向走等信息。这些行为模式的数据每隔 30 分钟便会更新一次。有时，虽然有许多客人在货架前驻留，但他们却未购买商品，像这样的行为都可以由 AI 摄像头按照时间带分布进行侦测。

分析方法 3：商品包装识别

AI 摄像头可以自动计算货架商品的种类、位置和件数，每隔 30 秒拍摄货架，单独提取货架商品图像。机器会消去经过货架前的运动中的人像，只对货架上的商品进行识别。这样我们就可以掌握哪个货架上何时有什么商品，有多少件。由于需要录入商品的图像数据，最开始需要让几十台摄像头拍摄对象商品。一种商品的包装识别数据也是每隔 30 分钟自动更新一次。

分析结果：啤酒货架范例

新店使用 AI 摄像头一个月后，我们得到一个分析结果的范例。

啤酒类商品的接触情况有别于零食类。对于常设货架（陈列基本款商品的货架）上的冰啤酒，多数顾客一般会挑选固定品牌的产品。不过，走过这条通道的顾客实际购买比率很高。从商品接触分层图来看，顾客也只是接触固定地点的商品。相反，零食货架前却有很多顾客拿取商品，货比三家之后才去购买。结果显示，购买啤酒的顾客是带着很强的购买欲才会走到货架前的。

如图 2–7 所示，对于中央货架（设置在中央通道的特设区域上的货架），有很多人会经过。我们以中央货架上陈列的六罐一组的啤酒为参考对象，结果发现，中央货架的边角很容易出现因辨识度高而引发的商品接触。通过 AI 摄像头的图像分析，我们可以得知，常设货架通常都是指定购买，而因辨识度高而产生的购买行为多发生在中央货架上。

从 AI 摄像头拍摄的图像，我们可以了解通过货架的人数。比如啤酒货架，如果把工作日和休息日经过中央货架和常设货架的人数做对比的话，就能得到很有意义的数据。休息日经过人数的峰值是：经过中央货架的为 300 人，经过常设货架的为 40 人。中央货架经过人数在某种程度上就是进店人数。其中 13% 的顾客来到了常设货架前。

工作日经过人数的峰值是：经过中央货架的为 150 人，经过常设货架的为 40 人。工作日中央货架经过人数峰值是节假日的一半，常设货架经过总人数和休息日相比并没有太大差别，不过实际购买比率却达到了 26%，增长了一倍。我们可以发现，指定购买的人数，不论是休息日还是工作日都差不多。

常设货架（冷柜）

中央货架（冷柜）边角等处辨识度高，有商品接触图

图 2–7　不同货架的商品接触比较（以罐装啤酒为例）

如图 2–8 所示，如果把 AI 摄像头经由图像分析而得到的经过人数和实际销量做比较的话，就能够掌握休息日和工作日的销量差了。

有些顾客仅仅经过货架而未购买，我认为可以考虑使用店头 POP 等举措促进“非计划消费”。虽然还不知道这样的情况是否会继续，但我们现在可以进行自动分析，将来很可能会迎来一种前所未有的数字化经营模式。

A/B 测试验证猜想

由于 AI 摄像头不仅可以识别商品接触和商品包装，还

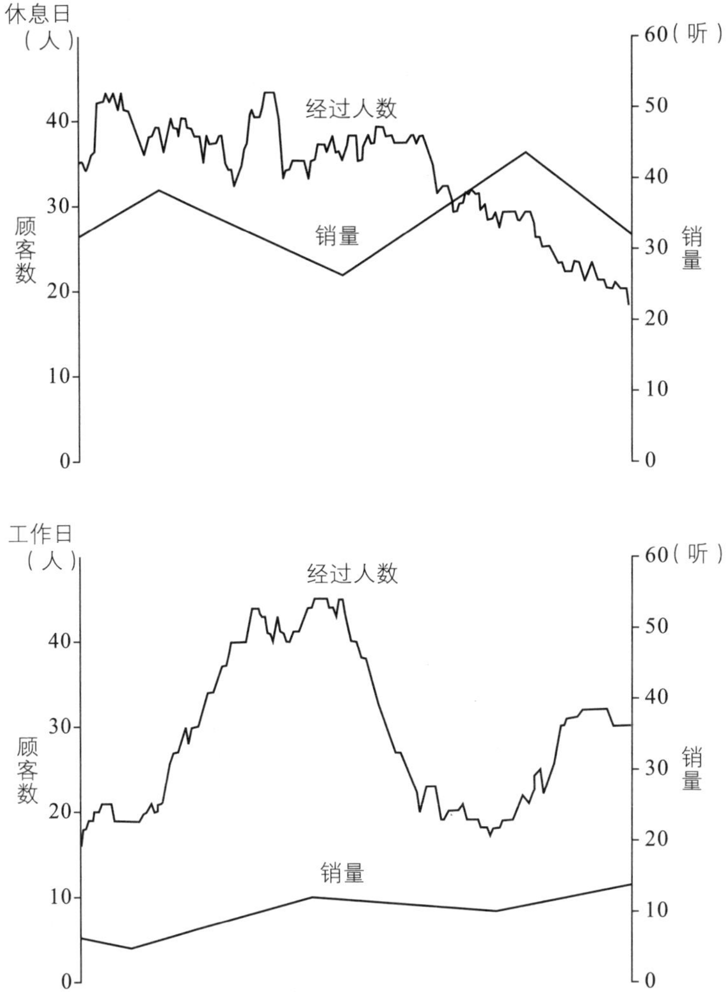

图 2–8 休息日和工作日经过人数、销量比较（以罐装啤酒常设货架为例）
上图为休息日的情况，下图为工作日的情况

能识别人物图像，因此，它不仅能识别顾客的行为，更能识别工作人员的行为。顾客拿取商品时，如果触碰商品，会让本来整齐的货架慢慢变乱。而店员码放商品、补货（前面的商品出售后，将后面的商品推向前方）后，商品包装会全都正面朝上。通过 AI 摄像头的定点观测，也可以将店员是否正确地码放商品和补货的信息进行数据化。比如补货需要成本时或者货架散乱却无人规整时，通过交互测试便可以进行补货费用的测试，即补货效果的 A/B 测试。

通过设置 AI 摄像头，人们既可以验证创意和发现新的创意，也可以进行 365 天 24 小时的有效数字化经营。

零售 × 区域 ×AI 创意

SATUDORA 控股集团董事长　**富山浩树**

日本全国各地的寡头垄断现象比东京严重。我担任代表的 SATUDORA 公司的总部所在地北海道，正是这一现象的重灾区。流通零售业为了求生存，就要发展成对所在地有贡献的企业，并对当地做出过不少贡献。我们着眼 AI 技术，设立团队，寻求联合其他企业共同向新时代的零售业挑战。当然这也是求生存的一步棋。

下面我将以北海道地区为例，介绍一下我们为了解决区域性难题所采取的行动和使用 AI 实现的创新。

寡头垄断的背后——社会问题铺天盖地

北海道地区的所有产业都存在寡头垄断现象。药妆业75% 以上由 SATUDORA 公司和 TSURUHA 公司垄断，加上 SunDrug 公司的话，占有率可以超过 80%。超市方面，Arcs 集团和 CoopSapporo 公司，再加上 Aeon 集团，占有的市场份额已经接近 80%。即便在全国，北海道也算得上是寡头垄断比较严重的地区。再来看看零售、流通领域比日本寡头垄断还要严重的美国，我们就不会对企业被淘汰、寡头垄断加剧的现象感到奇怪了。

在寡头垄断不断加剧的大环境下，我们还要面对少子老龄化和人口锐减等社会问题。日本作为发达国家，这些社会问题积重难返，而北海道则是这些社会问题的集中地。北海道老龄化问题已经位居全国第一，平均每个老人的医疗费用则位居全国第二。此外离婚率居高不下，每年都和冲绳“争夺第一殊荣”，这也引发了不少话题。北海道虽然面积广阔，但仅仅札幌市就已经集中了 40% 的经济圈和人口，其余地区则人口稀少现象严重。从日本全国来看，北海道可以算是区域性问题的缩影了。

不过，外国游客不断增加，农林水产丰富，则是北海道地区的潜在优势。我觉得这些资源潜力无穷。比如，和瑞士及瑞典相比，北海道与其人口相差无几，面积更大，但这两个国家的 GDP 却几乎高出北海道一倍。反过来说，如果要研究新的区域性战略，那北海道则是最典型、最适合的地区。

我踏入社会的起点正好是东北地区的福岛，随后去了东京，最后才回到北海道。从我的切身体会来看，东北地区和北海道的商业模式是有着共同之处的，不过这两处和东京截然不同。恕我直言，我敢说东京地区问题的解决方法和其他地区并不相同。我认为，区域性问题不能用解决东京问题的方法来解决，但如果一个区域性问题得以解决的话，它的经验完全可以用于其他地区。当下，正是解决区域性问题的大时代。

以零售为突破口打造区域整体平台

SATUDORA 公司在北海道地区的市场占有率位居第二，但从全国来看，还不算龙头。为了在全国规模的寡头垄断中求生存，不能单靠一家企业，还要靠联合其他企业才能体现价值。我们的策略就是北海道地区通用会员卡“EZOCA”，它不仅体现着北海道的地区特色，还能反哺当地居民。2014 年，我们开始推出“EZOCA”会员卡，如今已经可以在 120 家公司的 700 家店铺中使用。会员数超过 160 万人，已经覆盖了北海道地区 50% 以上的家庭。

虽然也有在全国范围推广会员卡的企业向我们伸出橄榄枝，但我们还是决定推出自己的通用会员卡。本来 SATUDORA 公司作为药妆店，女性会员占大多数，但因为我们不仅出售化妆品，还出售日用品、食品等，从而也吸引了其他类型的顾客。由于我们属于生活密集型经营模式（营业状态），因此顾客到店频率和购买率都很高。正因为我们拥有这些客源，所以才能搜集到各种信息资源。我们珍视这些信息，即便有其他企业花钱来买，我们也绝不轻易泄露。我认为通用会员卡是一个“平台”，它是我们这个地区的资本。本地规模太小，全国规模又太大，区域性经济圈是最合适且有价值的规模，因为它能搭上全球化的顺风车。

我们正在试图利用 EZOCA 会员卡对所在区域做出贡献。比如我们和北海道的札幌冈萨多足球俱乐部联合推出了“冈萨多 EZOCA”卡。我们招募了赞助商，只要在这些企业的门店购物就会有 0.5 个点数反哺给球队。球迷们当然会更乐意去加盟店购买商品了。我们每年的点数折算下来差不多有 200 万～300 万日元。笔者每年都会观看比赛，并将这笔钱捐赠给球队。赛场上放眼望去，全都是到场支持的球迷。而且，球迷看球赛也会得到积分。这样一来，我们就能掌握球迷看球赛的频率和有“冈萨多 EZOCA”卡却不看球赛的顾客的数量了。我们将会为这些顾客适当发放优惠券，让他们也能活跃起来。

我们会定期地为会员企业提供免费的分析报告。我们也会为了提高销售额组织相关论坛。我们建议，如果加盟企业愿意互相分享客源，便可以在自家的收银小票上印制其他加盟企业的优惠券。为了形成和生产商以及投资商合作的经营方式，我们还特别发售了一种新包装罐装啤酒——“札幌古典 EZOCA 音乐会助力罐”。

加快 AI 企业内部研发的速度

作为一家零售商，我们正在利用信息资源和与企业合作的方式解决区域性问题。为了加速实现这一切，我们在 2017 年 10 月筹建了 SATUDORA 自发创新团队（SII 团队）。我们的目的是，以居民的视角来利用 SATUDORA 公司的资源和信息。

我们打响的第一炮就是和丰田汽车合作开发的 AI 程序——“拜托导航”（参考第 1 章）。人口锐减和过疏化问题正在加剧，我们需要通过共享经济来提供服务。至于这项举措在北海道的哪些地区施行，其中有很大的学问。这是因为，即便服务和技术都很卓越，但如果不能贯彻实施，也没有任何意义。

我和 AI 的初识是在 2015 年年底，当时我向北海道大学的 AI 研究专家川村秀宪教授讲述了自己的推论。这次谈话让我受益颇多。从此，我的直觉便告诉我，我们今后要多和 AI 打交道。于是我便和老朋友 AI 东京实验室（AI TOKYO LAB）的总裁北出宗治先生商量是否要联手做一番事业。2016 年 6 月，我迎接他们公司进入了我们的集团。

从此，这家公司成了我们的外部委托开发供应商，我们之间达成了受托关系，并开始携手研发。由于不确定因素太多，AI 项目是很难有最终成果的，我们必须要边开发边进行敏捷型迭代。成本方面也一样，与其引资倒不如内部创新来得高效。

推进“实体店的 Web 化”

自 2018 年 4 月起，我们在札幌市的一家门店（月寒西一条店）设置了能够获取顾客信息和捕捉顾客动作的 AI 摄像头，并展开了实验。这家店在札幌市很容易找到，销售额也赶得上标准，我们认为这种模式也很方便向其他门店推广。运用 AI 进行图像识别，可以加深对顾客的了解并进一步完善门店的经营策略。同时，还可以通过属性分析，确认是本地熟客还是外地人临时来店。之后我们可以根据这些分析结果不断改善服务。

通过这些手段，我们就能发现此前尚未被数据化的信息。这便是“实体店的 Web 化”。这样的话，我们此前那些推测，都能在实际数据中得以体现，让我们自如掌握。我们事先会假设顾客会朝着我们设计的路线行进，并在这种推测的基础上设计货架。如今我们不仅可以知道顾客实际上会不会按照这条路线行进，还可以进行验证。那些用来招揽顾客的“亮眼商品”，其实可能和我们的设想并不一样。

现在调查员会记录客人行进的路线，但这只能记录一段时间内顾客的行径。如果能进行 Web 化，我们就可以把大量顾客作为对象进行常态化分析了。

AI 摄像头还可以被用于和生产商合作开发产品。它可以帮助我们思考包装设计和陈列方式。某种商品是能够让顾客即拿即放还是根本无法吸引顾客，这些情况都能体现在数据中。这样，不仅可以用 Web 等进行数字化处理，店内人员活动也可以实现可视化，从此顾客的一切行为便能一览无余。

店内布置陈列和发货业务的负荷很高，因此我觉得可以使用 AI 来作为辅助手段，以提高店员换班的效率。此外，还能实时调整进货量。

在这方面，虽然在很大程度上受经验和直觉的影响，但拿数据说话，会让我们发现更有效率的组合方式。Web 化当然也需要在店内进行 A/B 测试，这也是 Web 化和显示屏的一次结合。

媒介化拉动 Web 化

若数据可视化和 Web 化得以实现，价值就可以通过量化指标来衡量，并能成为一种广告手段。而数字化显示屏也将成为一种有效的媒介。

对于本公司特别看重的酒精型饮料生产商来说，它们所面对的挑战在于吸引女性顾客还是转向其他类型产品的生产。通过 Web 化，他们发现比起整个门店，在药妆店设置专柜更有效。并且能够同时进行效果测试。

针对这个领域的研究尚不足，接下来我想在店内多尝试一些好的媒介形式，并希望能让生产商体会到实际的效果，以为我们换取广告费。

TRIAL 控股集团董事长永田久男采访录

TRIAL 控股集团董事长 **永田久男** 专访

企业家须知：AI 技术影响力巨大，将引领产业结构变革

TRIAL 集团应用 IT 和 AI 技术试图引导流通零售领域的变革。该集团董事长永田久男既是集团的缔造者又是集团的领导人。他表示，AI 技术可以变革产业结构，企业家如果不清楚它的影响力，他的企业便无法生存。此外，企业家不仅能享受 AI 技术的实惠，还能消除流通零售领域中不精准、不均衡和不合理的现象，并反哺顾客。那么，永田先生何以对 AI 技术如此看重？我们特向他请教了个中缘由，以及如何利用 AI 技术来制定企业战略和组织战略的问题。

下面是一般社团法人零售 AI 研究会首席执行官田中雄策对永田久男的采访实录。

田中先生：永田先生，您向来不和媒体打交道，那么您这次以这种形式接受采访的“契机”是什么？

永田先生：我之前不愿意接触媒体的原因是，我本人属于“归纳法论者”。我个人总觉得经常在媒体出镜的企业家，到最后很少有成功的。在媒体上经常抛头露面，就意味着没有把精力花在事业本身上，忘记了自己本来的理想，改变了自身的价值标准，这是很危险的。我也是想到了这一层危险，

才不喜欢在媒体上抛头露面的。

不过，比起这些风险，我们现在面临着巨大的问题。我希望把这些问题“广而告之”，所以才决定讲点什么。

田中先生：这是什么样的巨大问题呢？

永田先生：那就是，由于对AI的认识不足而错失机会的问题。现在媒体上也在大谈AI，这个词已经被推广开来了。但是，又有多少人知道AI的影响力呢？依我看，AI技术会对日本，对全世界都产生重大的影响，从而彻底改变以往的产业结构。如果能把这项技术导入商业领域，那么它必然会助力发展，成为在急剧变化的超链接时代寻得生机的重要因素。

例如，日本流通领域引进AI技术，谋划战略就能省去超过40万亿日元的费用。我们完全可以用这些费用去回馈顾客，而这些费用都是以往花在“接洽、回扣、广告”中的不恰当、不均衡和不合理的开销。

接下来就是真正的第四次工业革命了，AI技术将会催生出全新的流通体系，它必然会打破以往的常识。其他行业也要面对这些变化。至此，世界便要开始发生巨大变化。美国谷歌公司现任CEO桑达尔·皮查伊也在2016年“致企业家的一封信”中倡导“AI第一”，最近他还在美国NBC的节目中表示“现在人类研究的AI技术，是人类史上最重要的一项技术。或许它比电力和火还要重要”。

我对于 AI 技术的想法与皮查伊先生一致，但日本许多商业领域的人才却没能理解 AI 技术的重要性，由于认识不足往往错失良机。这就像第三次工业革命时期的计算机时代一样，企业不去接受变化，就会落后于世界，经济也会萎靡不振。因此我深感危机并希望将 AI 技术的重要性广而告之。

田中先生：对于您周围人对 AI 技术认识不足，您有什么具体体会吗？

永田先生：让我感到危机的是一次和生意伙伴的谈话。因为我们公司是一家以商超为中心的零售企业，因此有很多生意合作伙伴。当我和他们谈起 AI 技术的重要性时，他们都表示关切，但也仅限于此。原因正是他们对 AI 技术只是一知半解，不知道具体要如何应用。因此他们到现在还没有真正迈出第一步。

还有一次，我和野村证券公司的高层谈话，我和他们讲了对 AI 认识不足的危机，结果对方说“日本的经济状况现在还不错，但日本企业家对于未来，都没有明确的预期，因此便备感不安。特别是对于 AI 技术，不论是企业家还是企业经营者都知道它的重要性，但都不清楚 AI 会给自己的公司带来什么样的影响”。

我希望在和大家分享我对 AI 的认识以及 AI 和管理相融合的战略后，多数人都能有“把 AI 运用到商业战略中去”的想法，也能抓住实际应用 AI 的“机遇”。今后 AI 实际会对我们的事业产生什么样的影响，我会结合公司具体战略向大家说明，从而加深我们对AI的认识。

田中先生：的确，单纯提出AI，可能会让人摸不透其实际情况。看来永田先生对于尖端技术的敏锐度在创业之初就形成了，我想听听您对您创业的那个时代盛行的IT技术的看法。此外，您当时的感触对您认识AI会有影响吗？

永田先生：我创业的时代是在40年前，我的事业中心是IT技术和电视收录一体机，我自己也做过程序员，因此一直对最新的技术感兴趣。之后我的主要工作转向了购物中心等零售领域，那时我的理想是“用IT掀起零售业革命，服务顾客”，因此，我一边投资IT业，一边向零售业进军。尽管现在我的事业和创业时期相比有了变化，但我始终将IT的可能性贯穿于事业的核心，从创业开始累积，我对IT业的投资已经超过了300亿日元。我始终抱有“IT技术是改变世界的力量”的理念，多亏我是带着这个理念去做事业的。“如何把尖端技术应用到事业中”似乎已经成了我的思维习惯。

我的观点是“尖端技术必须要和流通零售业相融合”，这有些违反常识不容易被人理解。有一次我和一家折扣店的创始人谈话，我向他讲述了我对IT的看法。当时那位企业家说：“永田先生，您到底是搞IT的，还是搞流通零售的啊？还是分清楚些吧！”我就对他说：“我创业的时候就说过，IT

能改变流通零售业。但是几乎所有人都不相信我，所以我自己才要进入流通零售业，去实践 IT 引进战略，去为顾客服务。这就是我一直以来的理想。就我个人而言，我认为，流通零售业和信息通信是一体的，如果硬要区分反而不好。”

我对尖端技术的认识从创业之初便不曾改变过。自始至终保持着兴趣，并热衷于学习，这才让我认识到了 AI 技术的重要性。

田中先生：您在 40 年前就能想到用 IT 改变流通零售业，实在令我吃惊。您刚才提到创业时期的投资，那么您具体都做了什么呢?

永田先生：起初，我承包了一家大厂商的项目，替它们开发了一个用于流通的软件。但是厂商觉得没什么前途，因此解除了我的承包项目。15 年前，我们在中国的分公司建立了工程师体制，最多时雇用了超过 700 名工程师，以便更好地运营我们公司软件的制造工厂。在这一体制下，我们开发了自己的数据库，随后又开发了自家的移动终端，它能够指示员工进行作业以及提示工人日程表[①]的内容，这就是我们专为流通零售业领域设计的软件和硬件体现的成效。这些软硬件在美国开始普及，随后我们便在硅谷开创了公司。之前谈到过，我从创业开始就投资 IT 业，到现在已经超过 300 亿日元。

① 所谓工人日程表的功能是按照星期、时间根据工作量合理分配员工，从而提高产能。

现在，一般人对我们TRIAL公司的普遍印象是零售企业，但我自创业伊始便一直在考虑IT能否改变流通零售业。我想要利用这些知识和经验，实现“零售和IT”“流通和AI”的融合，因此我认为这需要更多的投资。

田中先生：的确，AI的影响之大，都实实在在地被体现出来了。在流通零售领域中，亚马逊和沃尔玛的互相较量，以及中国的技术飞跃都成了眼下的热点话题，您对这些现象有何看法？

永田先生：世界上，技术的关键词已经从IT转向了AI。之前谈到过，拥有最尖端的AI技术的正是谷歌公司，而它们的CEO桑达尔·皮查伊先生也表示“AI比火和电力还要重要”。我们从他的话中能够读出，不论是流通零售业还是其他产业，今后都必须使用AI技术，否则就不能顺应时代的发展，会惨遭淘汰。换言之，若能将AI技术和一项事业结合起来，这项事业就有很大希望得到成长。AI产业的确取得了发展，2018年1月美国亚马逊公司开办的没有收银员的无人便利店Amazon Go 1号店在西雅图开门营业，中国政府也发表了国家战略，决定在2030年前将AI技术相关产业的规模扩大到170万亿日元。身处世界的大变局中，日本如果依旧保持以往的观点，势必会跟不上时代的步伐。这就是我意识到危机的原因。所以，我才会经常在会议上，对兄弟企业相关人士和生意伙伴讲述AI技术和他们各自事业融合的重要性，但还是没能讲透。因此，我才要写一本关于

AI 和企业经营相结合的书。

田中先生：那您能否指教一下，AI 技术在企业中应用的关键点？

永田先生：最重要的是“变现”。这里说的变现是指“创造财富”，换言之，就是“产业创收”。简单地说，就是将 AI 技术应用于企业战略，从而使销量得以大幅度增长，并对企业产生巨大影响，这就是关键点。因此，实施 AI 战略的企业家和企业经营者若不理解 AI 的相关知识，就难以让 AI 变现。

一般来说，如果不了解 AI 知识，大可以聘请顾问或寻求专业公司的帮助，这便是许多企业管理者的想法。由于竞争对手也在做相同的事，因此要想做到“出乎其类，拔乎其萃”是很困难的。换言之，各企业都在使用 AI 技术，但能否创收，最关键的一点就是，经营一方自身对 AI 付出的努力，以及是否能获取相关知识。

田中先生：作为零售 AI 研究会的董事长，我也一直在学习 AI 知识，但 AI 和以往的企业管理知识不同，它涉及太多术语和数学知识，因此对我来说很有难度。您不认为让经营管理方面的人才去学习 AI 知识是很困难的吗？

永田先生：我曾经做过程序员，因此掌握了一些相关知识。但是，正如您所说的，对于那些对计算机知识一窍不通的人来说，学习并掌握 AI 相关术语的确很难。因为很多情况下人们会为了背单词而背单词。比如查“什么是AI、人工智能”，就会出来一个“机器学习”。再查“什么是机器学习”，根据种类不同就有“有教师、无教师和强化学习”诸如此类复杂的回答。其他的比如“深度学习”这个词，它有个相关术语叫“神经网络”。由于人们连用以解释说明的单词都看不懂，学习这方面知识就会花大量的时间。很多人只是查查单词，就准备放弃了，索性决定外包出去。屡战屡败之后，甚至可能会对学习AI知识产生排斥反应。

到最后他们还是选择外包给咨询公司或专门研究AI系统的公司了。而我认为委托咨询公司之类的做法，会使公司的战略变得迟钝。我不是说所有咨询公司都是这样，但它们往往会列举那些难懂的专业术语，把咨询搞得好像“变戏法”一样。这样一来，我们就会对了解AI知识失去信心，从而更坚定了“万事靠外包”的决心。最后，企业研究AI技术战略的工作都交给了咨询公司之类的外援，而本身对AI的理解以及真正意义上的“企业战略与AI技术的融合”却止步不前，也制定不出什么具有竞争力的战略，就像之前讲到的野村证券高层所说的情况就有可能蔓延开来了。

第四次工业革命是日本发生变革的巨大机遇。要想抓住这个机遇，关键要看有多少经营方面的人才会主动学习AI技术。确实，管理人才没有必要掌握程序员的知识。不过管理人才如果能懂得与其业务相关的AI知识，AI和企业战略的融合才能向更深的层次发展，从而体现出战略上的优势，并与其他企业形成压倒性的差距，抢占 AI 管理的先机。

对于和管理职责相适应的 AI 知识，我们应该对其需要学习的知识进行分级，并设立一些学习型组织，让管理层对 AI 技术有一个积极主动的态度，我希望可以利用我的知识和经验来实现这一切。

田中先生："变戏法"这个词实在太精妙了！那么，为了不被"戏法"蒙蔽双眼，您在团队策略中又使用了什么样的职责分摊方式？特别是相对于美国，日本的 AI 技术人才并不充裕，面对这种局面，您使用了什么样的策略？

永田先生：AI 变现能否成功，要看"适材适所"是否做得好。比如您的零售 AI 研究会，我相信您也会举办 AI 相关知识的普及演讲吧？那么，您就会很清楚，与会人员的水平是参差不齐的。同样值得注意的是，为了实现 AI 的变现，企业管理层需要掌握的 AI 知识也会根据他们职责的不同而不同。

在来听演讲的人中，有一部分是程序员，他们掌握很多的数学知识和统计学知识，能用 Python 和 TensorFlow 编程；另一部分听众是企业负责人和管理者，但他们仅仅是对 AI 感兴趣而已。他们一股脑地都跑来听讲座，却不能高效地学习知识，所以我认为"分类"是十分必要的。

也就是说，就算是一心想要学习 AI 变现的知识，职位不同的人掌握的知识也应该不同。从管理人才的角度来看，经营部门和中层管理者所需的AI知识就不一样，因此先要进行人才分类，再分别教授他们所需的知识。这才叫适材适所，这样的AI变现策略才行之有效。

其实TRIAL集团对AI战略做的贡献就是对人才进行了分类。

田中先生：能请教一下具体的分类是怎样进行的吗？

永田先生：大致可以分成“AI战略顾问”“AI策划”“AI设计师”这三类。其中“AI战略顾问”可以分为“遗产战略顾问”和“权力战略顾问”；而“AI策划”又可分为“解决方案策划”和“技术策划”。

田中先生：您的想法很新奇啊！我似乎记得“遗产”的意思是“遗留物”和“古物”，那么“遗产战略顾问”具体有何职责？

永田先生：拿我们公司来说，“遗产战略顾问”就是指早期创业时的元老和骨干，现在都已经快60岁了。他们这些人的特点和强项就是拥有丰富的经验，我希望他们多年练就的商业策略脱离以往的人海战术，不断进化，以适应AI时代，为此我准备运用AI技术。我要让这些亲自谋划出商业策略的“遗老”们学习AI技术。为什么要让他们学？因为我们要实现真正的“零售×AI”。比如生鲜主管在我们公司属于要职，我十分看重他关于生鲜产品的知识和经验。

然而，如果想用生鲜知识实现 AI 变现，而生鲜主管对 AI 技术一窍不通，那他一定不会做出“AI 变现生鲜战略”的最终判断。那样的话，我们就需要找人来将他的商业策略转换到 AI 生鲜战略上。这样一来，就无法把他优秀的生鲜知识和丰富的经验原原本本地体现出来。

而且，最不妥的是寻求外部帮助，因为这样会导致企业大撒把地全权委托（完全托管），从而引发“大企业病”，且它的背后潜藏着破坏团队向心力的危险。那样的话，真正的“零售 ×AI”非但难以实现，团队还会变得缺乏决断力，妨碍团队的成长。所以我才要让“遗老”们学习 AI 知识，让他们自己做出战略判断。

不过，要划定他们学习 AI 知识的范围。遗产战略顾问不需要学习程序员所学的代码相关知识。他们只需要知道如何使用 AI 来进行变现的相关操作就够了。前面说过，AI 知识有很多看不懂的专业术语，学起来很难，因此我们只需专门总结出他们需要掌握的相关术语和操作步骤即可。这些操作步骤也要纳入连锁店的业务学习中，当然，其中也要包括须掌握的与 AI 相关的专业术语知识，这样才能提高学习效率。

今后 TRIAL 集团的 AI 变现战略会以生鲜部门为切入点，逐渐渗透各个部门。到那时，随着各部门的管理层对 AI 知识的掌握，他们制定战略的能力和执行力会得到进一步提升。当然，要让 50 多岁的人去学最先进的 AI 技术，这是需要毅力的，但我早就说过，我们TRIAL集团本身就是程序员团队，和其他企业相比，我们对实现AI变现有着相当大的潜力。只要是我们公司的“遗老”，我相信他们一定能做好AI战略顾问，促成变现战略的实现。

田中先生：看来遗产战略顾问这个职位，要归功于TRIAL集团从创业之初就一直坚持的理想和投资啊！那么，另一类AI战略顾问“权力战略顾问”具体又有什么职责呢？

永田先生：权力战略顾问所扮演的角色通常相当于CIO的角色。权力战略顾问不仅要具备高超的管理能力，还要对AI相关知识有较深的理解。也就是说，他不仅要懂得AI的相关知识，还要站在战略高度上判断“需要什么样的软件和项目”。只有达到这样的AI知识水平才能胜任该职位。权力战略顾问既应当是管理专家，又要拥有深厚的AI知识。

通常来说，培养这样的人才是要花费时间和金钱的，但我们40年前就相信“IT技术”的力量，也尝试过“流通×IT”的构想，我们公司的董事长和管理层掌握的IT知识都达到了设计师的水平，同时还拥有着几十年的管理经验。也可以这么说，我们TRIAL集团花了40年的时间，来长久培养权力战略顾问。他们不论男女，都拥有深厚的AI知识，因此才能推进“零售×AI”和“流通×AI”的战略，才能让公司实现超强的竞争优势。

权力战略顾问虽然不必掌握AI设计师才需要掌握的代

码知识，但要掌握最新的 AI 知识，还要有能预判世界形势的国际化视野。现在，我们积极参加美国全美零售业协会（National Retail Federation, NRF）、消费类电子产品展览会（Consumer Electronics Show, CES）等组织举办的大型活动，目的就是去了解美国零售业最前沿的发展情况。权力战略顾问要有全球视野，综合考量零售 AI 战略。为此，谷歌等拥有先进 AI 技术的企业现在开展的是什么样的战略、提供的是什么样的服务、会拥有什么样的技术，以及在此基础上会推出什么服务，都将成为各大企业战略分析的一部分。

AI 战略顾问是战略的谋划者，同时也要做好决策人的工作，以做出最终判断。特别是权力战略顾问，他们需要判断"在什么战略中要投入多少经营资源"，所以他们只有提高管理能力和 AI 知识的水平，才能使公司战略取得先机，从而远超其他公司。

AI 战略顾问分为两大类，他们各司其责。我认为，只有分工明确了，他们才能切实履职，提高团队运行效率。

田中先生：可以说，AI 战略顾问的出现完全是 TRIAL 集团长期以来坚持不变的理想和投资的成果。那么 AI 策划和 AI 设计师分别又有什么职责呢？

永田先生：AI 策划的职位又可以细分为解决方案策划和技术策划。

解决方案策划这个职位选拔的都是与营业相关的总公司

人员和采购主管等门店运营人才。生产商一方则会选择营业和中间管理层人员充当此职。他们需要了解的是自己所做的工作与AI技术有什么关系，而职责就是把公司确立好的战略进行优化并贯彻落实到公司的运营中去。这些营业、门店管理人才只须理解大体的AI知识，就能正确地将顾客的诉求反映到零售AI战略中去。解决方案策划要会总结所需掌握的AI相关专业术语和知识，做成术语表，并设计教学培训方案。

技术策划则要懂得与编程相关的知识，能和AI设计师讨论编程问题。技术策划扮演着技术部门和前台工作部门之间的桥梁的角色。

AI设计师既要对AI知识融会贯通，又要懂得运用这些知识进行编程设计。关于编程设计之类的技术书籍很多，我在这里就不赘述了。重要的是，AI设计师也不能只会技术，还要了解AI战略顾问和AI策划对AI的诉求，他的理想还要和我们TRIAL公司的理想保持高度一致。我们的理想是在中国打造2000人规模的程序员团队。之所以有这个打算，完全是因为我们有雄心壮志。

田中先生：贵公司在中国的程序员团队已经有2000人了吗？我听说您曾经因为中国程序员团队而劳心劳力，那么您为什么要重新组建新团队呢？

永田先生：确实，以前构造的700人规模的中国程序员团队，现在只有当初规划的一半了。如今，我的思路变了。这两年是打赢零售 AI 决胜战的关键时期，为了达成目标，我们需要大约 2000 人的程序员团队。但是在日本国内雇用 2000 名程序员是很困难的。而 TRIAL 集团在中国就能招聘到这些人员。因为我们在 15 年前就进驻中国了，我们拥有关系网，最多时曾有 700 名技术人员为我们工作，并积累了很多业绩和相关经验。而现在我们想要一下子在中国招募 2000 名程序员是不可能的。尽管在中国的程序员团队结构是我们的一大优势，但我们要利用好这个优势，尽早掌握大规模的程序员团队所需的技术。

团队在两年之内便能开发许多 AI 软件，这就相当于形成了“零售 AI”的优势。三年后就算许多程序员辞职，只要我们两年内能在 AI 程序设计上取得足够的成就，那么我们的“投资”就是相当有价值的。当然，我们将努力建设能引导中国年轻人进取心的团队和薪酬体系，同时保持高昂的斗志，降低离职率。随着工资待遇的提高，员工的求知欲和上进心会提升，领悟力也会越来越强。

我们要利用好这种优势，构筑一个能与成果持平的薪酬体系，以便早日开展 AI 程序设计工程，从而实现在行业内出类拔萃的差异化优势。

想要在中国雇用 2000 人规模的程序设计师团队，每年都需要 100 亿日元的投入。不过，这也是今后 AI 发展所必需的“投资”。想要在先期就掌握许多零售 AI 相关程序设计知识，确立领先地位是必须的。

田中先生：我感觉您一直都是先人一步，那么您这样的商业头脑是如何养成的？

永田先生：我20多岁的时候就开始自己尝试着做生意，但当时我满脑子都是个人利益。这种生意通常都不会太长久，几年后我的生意陷入绝境，令我一度想要自杀。当时我便把自己拥有的土地，以几十亿日元的价格出售了，我希望这能给自己一个重新来过的机会。当时我深刻反思，如果再出山一定要做“服务顾客的工作”。

正当我冥思苦想自己应该做一番什么事业的时候，我知道了沃尔玛。我当时就相信，如果把沃尔玛践行的流通体系应用到日本，这样就能“服务顾客”了。于是我对沃尔玛进行了研究。在研究的过程中，我深刻感受到事例研究是如此地重要，于是我养成了在谋划战略前先去领会相关书籍的要旨、经过严密调查之后再行动的习惯。除了这些知识，我在对它们的战略进行反复翻译、研究的过程中，养成了勤于“思考”的习惯。

因此，我觉得大家是把我的习惯看成“先人一步”“有先见之明”了。其实，我只不过从实际体验中深深体会到学习的重要性并坚持笔耕不辍而已。

田中先生：您是如何学习现在的一些高科技战略的？

永田先生：2012年，我们在美国硅谷创立公司时，我第一次知道了鸿沟理论，还和这一理论的提出者杰弗瑞·穆亚先生进行了交谈，向他请教了如何用先进技术从事商业活动的问题（见图 2–9）。

按照鸿沟理论的说法，在高科技领域赶上潮流和没能赶上潮流的人，在价值观上存在着巨大的差异，因此两者间会产生巨大的鸿沟，从而使得高科技的普及变得十分困难。如今的区块管理理论进一步发展了鸿沟理论。我将从鸿沟理论和区块管理理论中获得的知识与我的个人经验相结合，来构建团队体系。为了跨越鸿沟，我们需要把职责分为四个区块。这部分内容我之后会详细说明。

我在学习先进科技的具体知识的同时，也在践行杰弗瑞先生提倡的管理理论，并将其应用到我的战略中，去实现“AI× 管理”的创新。特别是区块管理理论，它展示了在推行革新战略时把核心商业活动分成几个区块、协调管理的重要性。一个团队首要的任务是弄清“谁要做什么”，这就是明确职责分担，认识到适材适所的重要性。而不是获取知识，却不将其应用于团队的战略实施中。

田中先生：所谓领悟能力其实就是以知识和战略为媒介，去形成更加富有实践性的战略，对吧？说到战略实践，我们就来一起谈谈刚开设的 Amazon Go 的 1 号店。您对这家店的看法是什么？

永田先生：Amazon Go 确实在媒体上引发了不少话题。

其实 Amazon Go 的 1 号店是 2018 年 1 月份开张的，开店当天，我们公司的员工也去店内进行了考察。他们向我报告，说他们看到 Amazon Go 店内的天棚上以及货架前的摄像头一共有 4890 台。摄像头的数量太惊人了，然而在我看来，Amazon Go 还远远达不到零售 AI 的标准。Amazon Go 的着眼点是“无须排队，无须结账”。它们采用的是“即拿即走”型结账方式，也仅仅在这方面做到了 AI 的应用。不过，如果不以店内环境为依托，综合运用 AI 技术，那就谈不上发展。

图 2-9　杰弗瑞 · 穆亚（左）和永田久男合影（2012 年 4 月拍摄）

其实现在的 Amazon Go 还无法适应高度成熟的零售 AI。我判断的依据是它们的营业员人数。按照一般便利店的面积来算，营业员通常为十多人。据我们的员工在开店当天查访的结果看，门店外侧设有玻璃窗的地方就有大约 10 名食品加工人员，店内负责补充商品的员工又有 5 人。

而我们打造的零售 AI 战略，用了几十年去做投资，并进行了技术和 AI 的融合，用充值卡和二维码来提高支付效率，脚踏实地地进行了店铺运营和 AI 相融合的实践。

2018 年 2 月我们开设的新店，设有 700 台 AI 摄像头，用于商品管理。虽然不知道新店会给我们带来什么新成果，但至少我们不是仅仅满足于 Amazon Go 那样的“即拿即走”模式，不满足于它们那种程度的 AI。我们要营造一个综合的零售 AI 店铺环境，希望零售 AI 能够跨越鸿沟渗透到整个社会。

我的目标是真正实现零售 AI，它是集下单、品质管理、新产品无损管理、人员配置功能于一身的综合性 AI。

当然，眼下我们的综合性 AI 在流通业还没有建立，也无法真正用于实践。虽然在本书中我们提到了“第五代零售 AI 自动化”，但若想完美实现零售 AI，这五个阶段中的每一个阶段都要“通关”。就好比既要方便自动运输的高速公路，又要适应一般道路，我们的零售 AI 也需要在小型店铺中加以实践。因此，我们现在主要的门店形式——超市并不能完全适应 AI 技术。不过，通过应用现阶段的 AI 技术，我们有望不仅在收银台、也会在商品管理部门实现高效率的人员配置。

接下来零售AI将能实现结账、下单、指定售价、损失管理、财务管理等综合功能。通过这些实实在在的提高产能的行动，2018年10月，我们就已经开设了一家实际应用AI技术、有着300坪[①]营业面积的“TRIAL Quick”门店。

今后不只是店铺经营，整个流通领域都会因AI的引进而发生变化。为了真正实现第五代零售AI，我们必须谋划战略，让AI融入流通业。为此，我们既要考虑做什么最有效率，又要合理地分配经营资源；一边进行投资，一边想方设法让零售AI适应一般社会。这就需要团队间的协作，真正做到资源和技术共享。

田中先生：我感觉您是要采用AI技术彻底改变商业活动的运营方式。说到资源共享，我就想到谷歌那些与AI相关的开源代码，TRIAL集团也要公开数据资源、开拓自己的商业活动吗?

永田先生：我此前从不在媒体上抛头露面，我之所以接受此次采访是希望各位认识到AI技术在未来的重要性。只要认识到它的重要性，企业之间就能鼎力协助，第四次工业革命就会取得飞跃性的进展。而促成企业间协作的正是开放式创新。开放式创新既是第四次工业革命的关键词，也是支撑今后经济发展的基本思路。我出书的目的也是想

① 1坪相当于3.3平方米。——译者注

推进开放式创新。

日本企业特别喜欢把自己的技术关起门来自己用，这就是故步自封的状态，是封闭式创新。但互联互通的时代就要到来，第四次工业革命的技术迅速发展，在这样的情况下，封闭状态下的创新既有不确定性，研发效率又低，而且很难在短期取得成果，最终必然惨遭淘汰。第四次工业革命发展迅速，再用封闭式创新进行技术开发，速度就会慢一大截。这次工业革命的技术进步速度超乎我们的想象，新老技术结合的化学反应会催生出许多新技术。一家团队绝无可能适应这种“化学反应”。

我们要在积极运用其他公司的技术的同时，广泛地公开、分享自己的技术，从而打造“联合体”效应。若不如此，当面对今后和美国、中国之间越来越多的竞争时，日本就无法保证自己的优越性。这种“联合构想”要在和加入联合商业计划（Joint Business Plan, JBP）的生产商共享我们公司的数据资源的同时展开。

田中先生：目前的主流还是“封闭”，而贵公司却要公开数据资源，那么在这么做的时候，您有过犹豫吗？

永田先生：我毫不犹豫。当然，在起步阶段，我们只向建立 JBP 关系的生产商公开。在东京大学从事 AI 研究的松尾丰特约教授也在零售 AI 研究会发表过类似的观点，AI 的基础就在于数据资源。换言之，没有数据资源就没有 AI。

要想发展 AI 技术就必须利用好数据资源，我们把这些数据资源和 JBP 制造商共享，不仅能形成划时代的店铺环境，也能有机会和制造商联手实施宏伟战略。

此外，正如松尾丰教授所言，AI 的特色在于“使计算机长出眼睛”，摄像头将起到巨大的作用。我们会从各制造商公司内挖掘优秀的程序设计师，使他们成为我们公司的 CTO 人才。然后再由他们选拔中国优秀的程序设计师，组成摄像头技术开发的特殊团队。将优秀技术人员聚拢在一起，就能形成我们自己的摄像头技术。

这些技术也会在店内实际应用，我们在福冈开设的新店采用了 700 台摄像头，预计将来所有店铺使用的摄像头加起来要有 20 万台，AI 摄像头不仅能收集数据资源，同时也能进行商品管理，减少损失，并对最佳人员配置方式等做出判断。把数据和摄像头结合就相当于让数据“扎根”，这样开展零售 AI 就改变了以往的品质管理和对于生产商零售店的固有观念。

我还认为，不仅是摄像头，显示屏也将发挥巨大作用。凯文·凯利在其所著的《新经济新规则》一书中就曾谈到了显示屏的可能性。显示屏可以是商品标签,也可以是广告栏，但今后结合 AI 技术，它将发生丰富的变化。这样一来，生产商便能用它来谋划新商品策略、设定价格、发现缺货等。另外摄像头和显示屏可以用来进行门店管理，从而为流通零售业带来彻底的改变，甚至免去之前提到的 40 万亿日元的成本。

零售业应将作为基础设施的摄像头和显示屏接入 AI，用实际效果来证明它的实用性，根据鸿沟理论，让鸿沟另一边的消费者感到，这种技术“不仅便利而且安全性高”，这样摄像头和显示屏与 AI 技术的结合就能跨越鸿沟了。那么，摄像头 & 显示屏 ×AI 技术就能大规模地低价生产了。这也是技术跨越鸿沟、渗透进大众社会的一个范例。我认为其他产业完全可以引进一些技术。

田中先生：听您一席话，我感觉 TRIAL 集团是想要跨过零售业的门槛，进入高科技产业的大门啊！那么，您对将来有什么展望吗?

永田先生：我想以开放式创新为基础，运用我们的技术，构筑一个能帮助日本持续发展的体系，从而使处于“封闭状态”的日本经济活动和技术开发产生变化。为此，我们必须不断积累成就，在我们集团现有的门店内应用 AI 摄像头和显示屏，使销量以数字化形式体现出来。在打造品牌的同时，利用零售 AI 技术的刺激，确立起绝对的领先地位。这样一来，我们的商品和服务就能跨越鸿沟，渗透普及。而且，这些技术通过开放式创新向世界传播，就能跨过流通业的门槛，使零售 AI 的摄像头技术和显示屏技术应用到所有领域。为了达到这个目的，最重要的是先改变日本“封闭”且独特的流通体系。因此，如果大家能了解这个想法，我将十分欣喜。

我们 TRIAL 集团自创业之初便秉持着“用 IT 改变流通业，服务顾客”的理念。如今我们的理念已经发展成了“以 AI 技术掀起产业结构革命，服务所有人”。为此，我们需要在充满潜力的体制下谋划战略。在参与创业的成员中，最早一批经营团队是我们的一笔“遗产”，他们需要学习 AI 技术。而我们正要构建一个新的组织体系，它需要公司所有的管理层都能用 AI 知识谋划战略。这个组织体系不会论资排辈，只会灵活地在最适合的地方配置最适合的人才。

例如，之前 TRIAL 公司总经理楢木野（仁司）由于“零售 AI 第一”的理念，辞去了总经理的职务，转而在 2018 年 10 月成立的零售 AI 部门“TRIAL Quick”就任总经理。对我们来说，头衔和名望并不重要。实现我们理念不可或缺的工作就在眼前，那才是我们唯一能做的。

第 3 章

生产商篇：生产制造环节的 AI 战略

03 リアル店舗の逆襲

零售 AI 制造商面临的冲击

三得利酒业营业推广部部长　**中村直人**

在流通零售领域运用 AI 技术，这对于商品的生产商来说，是担负事业根基的重要议题。我现在从事的工作是三得利酒业在日本国内的经营销售工作，主要负责全国经营战略的制定和推广。同时我也是零售 AI 研究会的一名会员。在本章中，我会就我负责的业务——分析消费者、市场和流通环境，以及在本公司和各种研究会习得的经验，向大家解释 AI 是如何给生产商带来福音的。

AI 分析面面俱到：各年龄层的生活方式和价值观

我们先来看看对我们公司酒类经营带来影响的消费者，并了解他们在生活方式和价值观上的差别。根据三得利酒业和博报堂在 2012 年进行的联合调查，各年龄层的饮酒率，特别是啤酒的饮酒率出现了巨大的差异（见表 3–1）。

表 3–1　各年龄层消费取向和啤酒饮酒率的差距

年龄层	消费者特点及专柜特点	出生年代、年龄段	人口规模	每周饮酒超过四天者	与酒水相关的事项
战后年代	年幼时经历日本战败，体验过战争。出生于 20 世纪 60 年代初的安保世代 棒球、相扑 量贩酒、一般店、CVS	1939—1945 年生人 66～71 岁	1100 万人（8.6%）	**43%**	社交、会友、加深关系都要饮用啤酒、清酒

续前表

年龄层	消费者特点及专柜特点	出生年代、年龄段	人口规模	每周饮酒超过四天者	与酒水相关的事项
团块时代	第一代没有战争经历的政治时代的人 多品牌吸引（Levi's & Coca），典型的传统家庭 量贩酒、专卖店、一般店、SM	1946—1950 年生人 61～65 岁	860 万人（6.7%）	**39%**	高速成长期、终身雇佣制、年功序列工资制 在公司应酬需要饮用啤酒、清酒，职位固定
断层年代	在团块和新新人类之间的第一代御宅族 成长于日本经济高度成长的经济时代 超市、GMS、量贩酒	1951—1960 年生人 51～60 岁	1860 万人（14.6%）	**33%**	企业改革、泡沫经济，这一代人是 ASD 主要阶层
新新人类	个人化消费，个性化流行。青春期经历泡沫经济 第一代媒体消费者 超市、GMS、SM、网购	1961—1970 年生人 41～50 岁	1600 万人（12.5%）	**33%**	价值观多元化、个人主义 啤酒品牌、品质多样化，酒精饮料、发泡酒、红酒
团块青年	团块时代人群的孩子，成长于物质和信息都丰富的时代 讨厌老套，消费量大 SM、网购、CVS	1971—1978 年生人 33～40 岁	1530 万人（12.0%）	**16%**	价值观多元化、个人主义 饮酒率走低 优质啤酒、新种酒、RTD

续前表

<table>
<tr><th>年龄层</th><th>消费者特点及专柜特点</th><th>出生年代、年龄段</th><th>人口规模</th><th>每周饮酒超过四天者</th><th>与酒水相关的事项</th></tr>
<tr><td>后泡沫经济</td><td>自出生便经历经济萧条
断层年代人群的孩子，消费受个人喜好主导
SM、网购、GSM</td><td>1979—1983 年生人
28～32 岁</td><td>830 万人
（6.5%）</td><td>17%</td><td rowspan="2">比父母更重视交际。酒是交际手段
饮酒率低，去酒水专卖店的次数极少
优质啤酒、RTD、高杯酒、米酒等听装酒
没有偏好，所以种类繁多</td></tr>
<tr><td>少子化时代</td><td>新新人类的孩子，社会情况虽然紧张，但年幼时备受娇惯（由六个大人照顾）
CVS、网购</td><td>1984—1993 年生人
20～27 岁</td><td>1390 万人
（10.9%）</td><td>6%</td></tr>
</table>

※ 一周饮用啤酒超过四天者占比（占总人数的 21%）

引自：2012 年三得利酒业和博报堂的联合调查。

例如，60 多岁的团块时代消费者和 20 多岁的少子化时代消费者之间的饮酒率的差异居然达到了将近七倍。可见，年龄层差距对酒水市场的影响有多么巨大。同样，在其他喜好和生活习惯上，也可能存在这样的差距。

相信很多人都知道，有一种叫做“群体分析”的方法最适合用于分析各年龄层人群价值观和思维方式的差距。群体分析法就是指分析调查在同一时期、同一时代出生的人的生活方式、行为、想法，以及随之产生的消费活动倾向。“群体”（Cohort）中包含同时期、同时代出生的人，因此日本一般将他们出生的年代冠以“××时代”的称号。各时代群体有着截然不同的生活方式、价值观，因此我个人认为生产商需要在市场营销方面付出的努力真的不简单。

群体分析主要以三个角度来理解市场变化：

1. “时代效应”——由时代变迁而产生的因素；
2. “年龄效应”——由年龄变化而产生的因素以及由年龄增长产生的变化；
3. “群体效应”——由出生年代产生的因素和受出生年代的影响。

群体分析需要经过长期的市场数据分析，并根据消费者的生活方式和时代，对他们的个性进行猜测，再将之应用到市场营销中去。作为一种满足个人嗜好的产品，酒会受到人们生活习惯以及一个时代下人们的价值观等因素的影响。然而，人工分析一个时代下由人们的生活方式、价值观带来的影响，必然有一定的局限性。而“AI”有深度学习的功能，它可以发现人们喜好程度的变化对商品的影响。

将大众消费者转为顾客的 LTV 因素

生产商期盼的终极目标是使顾客的生活文化变得丰富多彩。正如著名的管理大师彼得·德鲁克所说的“创造顾客”，在市场营销中，我们在销售商品和服务的同时，还要创造顾客。要做到这一点可不简单。

这里要引入一个重要概念，那就是如何定义消费者的变化。我将顾客大致定义成三大类型，如图 3–1 所示：

- **大众消费者（Consumer）**。泛指世界范围的消费者，即世界上的万千大众；
- **购买者（Shopper）**。大众消费者中购买某种商品或服务的人群；
- **顾客（Customer）**。在购买者中持续购买某种商品或服务的人群。

图 3–1　市场营销中消费者的变化

“创造顾客”的目的正是第三种人群的持续增加。顾客就是老主顾。先促成大众消费者到购买者的转变，最终实现购买者到顾客的转变，这就是“创造顾客的步骤”。其中最为重要的是变化概率有多大。

下面介绍一下以流通零售领域中的实体店为平台，生产商眼中的“创造顾客的步骤”：

消费者（普通人）→到店客人→去专柜的客人→研究是否购买的客人→准备购买商品的客人→产生实际消费的客人→持续消费的客人（顾客）

关键是如何提高朝着箭头方向转变的概率。近年来，由于亚马逊和乐天之类的电商企业将创造顾客的步骤进行了可视化处理，因此在和流通零售实体企业的博弈中取得了优势。

决定提高“创造顾客的步骤”转变概率的重要因素是生命、周期、总价值（life、time、value，LTV）。也就是顾客一生为某家企业带来的所有利益。顾客对哪家企业提供的商品和服务的忠诚度高，就可以说这家企业的 LTV 高。

之前讲到的“群体分析”“创造顾客的步骤”以及“LTV”，对于企业输入力（收集数据的能力）和输出力（分析、执行的能力）的提高都有着重要意义。而且，在掌握大数据、深层数据方面，人的能力是有限的，这时就需要“AI”登场了。

大环境：流通、零售业转型

如今，流通零售业正在经历各种转型，并且变化十分剧烈。特别是在互联网出现之后，消费者的购物方式也随之发生了巨大改变，因此，拥有实体店的流通零售业也必须紧跟转变的步伐。对于这种变化，我们只要看看销量名列前茅的零售业发生的变化就能一目了然。2017年，日本经济新闻零售业调查迎来了第50个年头。这次调查显示，亚马逊日本公司作为电商企业，拿下了2016年年度零售销量排行的第六名，而2015年它们只位居第八。

那么，流通零售业的消费者追求的选择标准又是怎样的呢？在此，我引用野村综合研究所的以下三个标准：

1. 便利性：店址好找、货品齐全、购物方便（目前，它的优先度最高）；
2. 专业性：选择多元化，销售个性化商品、高品质商品；
3. 综合性：商品种类齐全，满足一站式购物需求（之前，它的优先度最高）。

对于日趋老龄化的日本，上面的三个标准中的“便利性”有望成为必要标准。由于人们越来越愿意在符合自己价值观的商品上花钱，因此“专业性”同样不可或缺。随后才是“综合性”。老年人购物的活动范围有限，并且需要照顾孩子的双职工人群也需要利用好有限的购物时间，因此他们希望在一个地方就能买齐所需品，这就是所谓的“一站式购物”。这是今后实体店和电商企业都必须具备的功能。

追求私人订制高效化

在这一背景下，生产商的市场营销工作需要一场革命。

现在这个时代，有人说“日本物质丰富”，也有人说“没有什么想买的”，不只是市场营销，我们还需要市场营销 Plus。若不如此，就不能让顾客过上丰富多彩的生活，也难以让企业的收入提高。

关键词是“定制化”。正如前文所述，由于年龄层和生活方式的区别，顾客的价值观也呈现了多元化的趋势。特别是少子化时代出生的千禧一代，他们多会把购物时间花在数字媒体上。获取消费者“信息”的媒介从大众传媒变成了智能手机，迎合个人兴趣和生活方式、有的放矢地搜集信息的时代已经到来。以往的营销目标多取决于“最大公约数”，之后再向大众发布信息，从而取得一定的效果。如今，营销则要以“最小公倍数”为准，结合消费者个人的兴趣和需求，将“信息”进行分类。举一个“最小公倍数”的例子，在营销大师菲利普·科特勒提倡的 STP 营销策略中，“S”指的正是“市场细分”。

STP 营销策略中的“S”是根据顾客关注的程度和兴趣来进一步细化，而所谓的定制化就是要结合个人的兴趣、关注点、行为来优化自己的服务。今后的市场营销还应该朝着“P（定制化）→ S（市场细分）→ T（目标市场）→ P（市场定位）”的方向发展。我认为，重要的是定制化要朝着优化成本效率的方向发展。

AI 分析全靠累积数据

下面，我们从 AI 的功能的角度探讨一下 AI 给生产商带来的威胁。一般说来，AI 的功能主要有以下五种。

- **语言识别**。解读文章，分析行文（自然语言解析、语素解析）。
- **语音识别**。识别语音信息，将其转换成文字。识别音乐和声音并做出反应，对音乐和声音进行加工或输出。
- **图片、视频识别**。识别图片或视频内的所有事物（计算机视觉），加工、生成图片或视频。
- **控制**。控制汽车、机器、家电、设备等。
- **优化推论**。优化搜索引擎的搜索结果或网站广告，解决复杂的优化问题。

使用上述这五种功能需要调用数据。而且，如果想提高分析的精确度，还需要“大数据和深层数据”。做不好这些数据的收集工作，一切将付诸东流。

我们必须要考虑到生产商（制造业）在供应链中的地位。制造业的商品流通和物流要从“企划、开发”开始，再到“批发店”“零售店”进行销售。因此，这里所说的“数据”包括了生产商既有的数据，即原材料购买数据、制造（生产）数据、物流数据、批发店销售数据等，如图 3–2 所示。

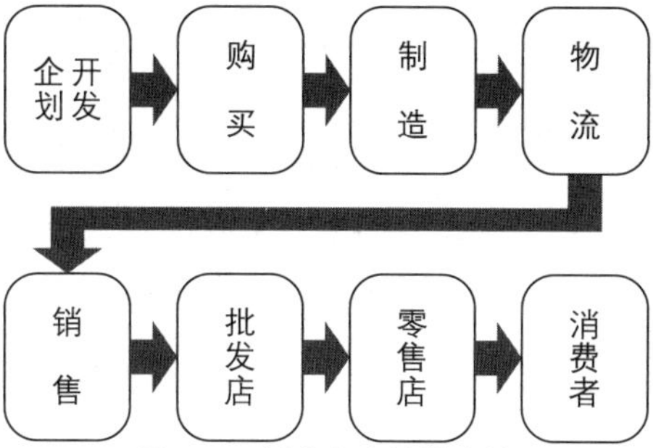

图 3–2　制造业中的供应链

如果把 AI 的五种功能和生产商收集的数据结合起来，其中有四种功能是可以使用的。

1. **优化推论 × 购买数据**。结合需求预测，由 AI 优化原材料进货量预测。
2. **优化推论 × 制造数据（× 开放数据）**。可以优化产量。可以想象，制造业是供应链中应用 AI 最频繁的一环。此外，结合批发店、市场情况、天气数据等开放数据，可以提高产量调整的精确度。
3. **图像 × 制造数据**。代替人工对工厂生产线上的商品品质进行检测，通过使用 AI 摄像头实现自动化。
4. **优化推论 × 物流数据**。商品出货后，需要安排货车发往下家，并需要决定货品装货数量，此时也可以应用 AI 技术优化这项工作。

生产商（制造业）可以最先投入力量的 AI 应用领域便是以上四种。以往依靠员工头脑和计算机等电子设备完成的业务，如今可以通过引进 AI 技术来完成，不论是在精准度还是成本，乃至速度（时间价值），AI 都能给我们带来实惠。

除了以上四种，下面再介绍一种应用方式。

5. 图像 × 购买渠道店铺数据（零售店或自动贩卖机等）。只限于生产商的店面访查、特派员能掌握店铺和自动贩卖机的销售状况的情况，AI 可以根据商品的实际陈列状况图像来判别商品。

下面介绍一下第五种应用的范例。我们可以让 AI 在码放着数百种商品的货架上识别指定商品。图 3–3 展示了 AI 商品图像识别实验。AI 能通过深度学习，判别拍摄到的画面中的各种商品。并且，商品并不都是标签朝前码放的，因此还需要更多的大数据来助力深度学习的发展。数年前，我们曾用一家公司的数据来发展深度学习，但这并不能满足商品识别率的需求。近来多家企业开始共享同样的店面数据，相信今后通过数据共享识别率必会提高。

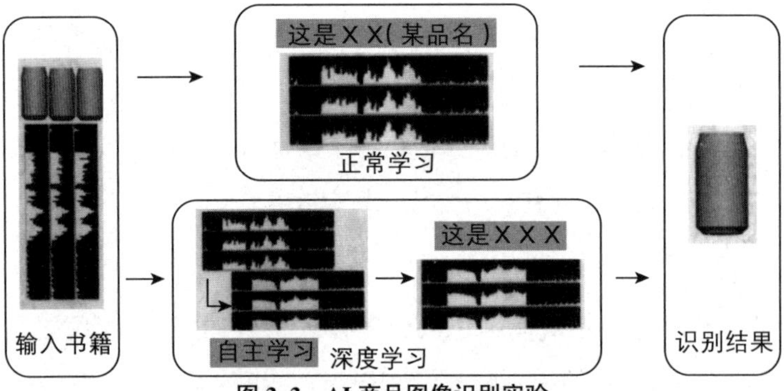

图 3–3　AI 商品图像识别实验

表 3–2 为本公司不同量装酒精类饮料 Cool Zone 的识别率实验结果。不过，对于本公司生产的季节限定饮料和酒精饮料之类的产品，由于包装大体相似但口味（风味、香型）迥异，因而品种繁多。对它们进行 100% 的识别是很难的。日本零售企业的店铺类型（企业类型）中又有很多和欧美的分类不同。一方面，陈列商品的店面面积不同，所以要想达到 100% 识别，还需要一些时间；另一方面，由于店内设置的摄像头性能越来越好，我们完全可以期待，它的速度和精准度将在未来超出我们的想象。

表 3–2　不同量装酒精类饮料 Cool Zone 的识别率实验结果

包装容量	品类数	学习数据图像数 / 件	识别率
350ml	58	1343.9	47%
500ml	41	374.4	59%
350ml×6 听	66	505.8	70%
500ml×6 听	53	259.7	69%
总数	218	2483.8	—
平均数	—	621.0	61%

我们需要“倒推”市场营销

生产商使用 AI 技术能够立竿见影收获实惠的领域，通常都是能够使用到自己企业积累的数据的领域。一般生产商会利用自己企业既有的数据，以从批发到销售的数据为基础进行市场营销活动。但是这样的方式是有局限的。供应链主要由批发商、零售店和消费者组成，消费者是购买的最终决定者，他们的喜好变化会导致购买行为的变化，而且这些变化都是“倒推”式的变化。

换言之，就是将顾客的生活方式、价值观、关注点等转换为数据，再逆向向供应链进行反馈。图 3–4 显示了生产商数据库市场营销的变化和预测情况。生产商市场营销的重要内容就在于整合数据、分析数据和寻找变量。人脑和手工完成这些工作毕竟有限，所以我们需要利用 AI 技术来帮助我们深化市场营销工作。

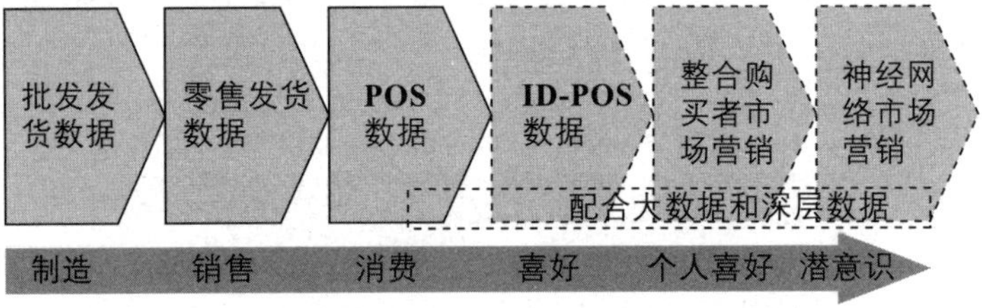

图 3–4 生产商数据库市场营销的变化和预测

运用 AI 技术需要生产商的个性化

2014 年起，日本开始出现了“市场营销自动化”一词。在美国这样市场营销发达的国家，这种思维模式司空见惯，利用软件开展工作的企业逐年增加。一般的市场营销自动化定义是，从获得主导权（即预计顾客）开始，直到营业人员为止的营销活动，都使用工具进行统一管理，完成策略的自动化和优化。

如果从与本公司同类的消耗品生产商的视角来考量市场营销自动化的话，其定义又将如何？我从生产商的角度将

AI 进化再分为五个等级，便得到了这张市场营销自动化的相关性图（见图 3–5）。

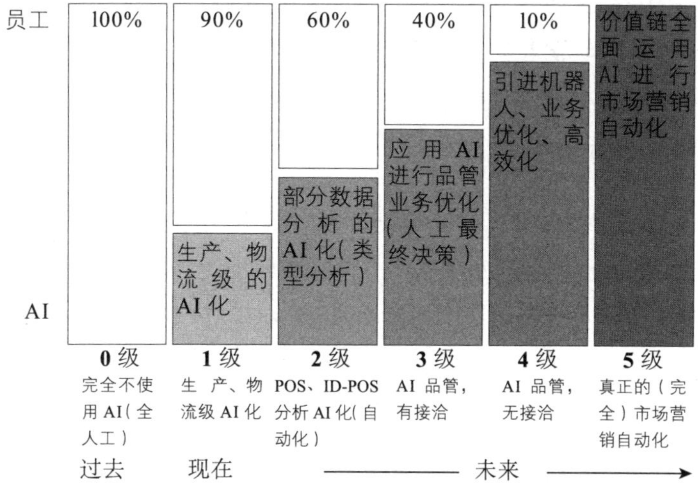

注：品管即“品质管理”。

图 3–5　生产商 AI 应用的五个级别

图 3–5 显示，发展到第 5 级时就能实现“真正的（完全）市场营销自动化”，这要和一般的定义区分理解。市场营销的最终目标是“持续创造半永久顾客”，以顾客为中心，通过他们的生活方式分析其价值观和喜好，并形成数据。之后再以这些数据为基础，通过“逆算”法分析这些因素对购买者及大众消费者的影响。随后在这些数据的基础上整合天气、气温等开放数据以及零售店销售数据等供应链数据，从而形成大数据。然后再通过 AI 分析这些大数据，寻求何为“创造顾客”的市场营销策略。我认为不断创新才是真正的市场营销自动化，只有这样，才能真正做到理解顾客。

不过，对生产商而言，要朝着 AI 应用 5 级发展，就必须考虑以下问题，即是不是数据积累得越充足，AI 的深度学习进行得越好，生产商就越能保证自己的独创性和个性呢？我们不能否定，如果对顾客感情、行为的分析，包括随后进行的推测、跟踪都靠 AI 完成的话，那么这些使用 AI 的公司可能会出现趋同现象。

虽然现在 AI 的应用级别远没有达到让我们去思考这一课题的程度，但生产商也需要去彻底理解使用 AI 的利与弊，而企业必须抱有通过让顾客购买和消费自己的商品向其展示价值的态度。

试验范例 1：偏好和购买行为分析

下面介绍几个 AI 应用试验的例子。对于电商企业或者网上超市而言，从消费者登录网站，到购买商品之前，不论其是点击画面还是跳转网站，他们的这些行为都可以通过原始数据等来进行验证。之后企业就可以修正点击率低的界面以提高购买率。但对于超市或专卖店这些实体购物渠道的店铺而言，顾客拿取商品后是否真的购买，这些数据以往是无法掌握的。对于掌握顾客店内行为，我们尚处于黑匣子状态。但最近随着 AI 摄像头开始得到应用，顾客在店内的活动会被摄像头捕捉并制作成文本数据。除此之外，机器会从记录下来的视频中分析顾客的行为模式以及年龄性别等信息，文本化一旦完成，视频会立即被删除，也不会锁定任何个人信息。

将这些视频分析数据和顾客的购买数据结合，就能够分析出顾客的偏好和购买行为的差异。

表 3–3 中的列所展现的是顾客对某种新品牌产品高、中、低三类购买量的部分分析，而表中的行则体现了顾客对这个商品的选择率（是否只饮用这一品牌，或饮用其他品牌的比率）。从每个顾客进入店内，到拿取商品并购买（放入购物篮）的这段时间，都使用 AI 进行分析，这样我们就能看出从顾客拿取商品到购买为止的时间差距了。

表 3–3　　　从进入专柜到购买之间的时长（单位：秒）

同品牌购买者中，高频率人群的购买时间短

单位：秒		同一品牌（80%）	同一品牌（60%）	多种品牌
某新型品牌产品购买者	高（每年 300 瓶以上）	8	15	15
	中（每年 100 瓶）	20	50	35
	低（每年不足 100 瓶）	30	15	45

多品牌购买者中，低频率人群的购买时间长

※ 根据 Remmo、三得利、TRIAL 公司三家企业的调查制表。

从表 3–3 中，我们发现有这样一种倾向：饮用量大或只买同一品牌产品的顾客，其购买用时较短，而不常饮用或有其他备选品牌的顾客，他们的购买用时较长。这个结果和预测完全一致，这意味着，我们对有着不同购买行为的消费者应采取不同的市场营销方式。对于前者而言，不论店面张贴多少醒目的广告，或采用多少宣传手段，他们很可能看都不看。后者则可能在购物时出现选择困难的情况，因而他们需要在店里得到明确的推荐。

试验范例 2：遵循最佳货架陈列方式

之前我们讲过生产商 AI 应用的五个级别，我们实施了从 2 级到 3 级的品质管理试验。我们得到了 TRIAL 公司的协助，让 AI 学习了筑波店的用户购买数据。我们预测了偏好相同顾客的潜在需求，并将之体现在货品陈列上，这样就能看出销量上的变化了，如图 3–6 所示。

图 3–6　TRIAL 公司筑波店 AI 排货分析优化陈列试验

我们已经在日用品上做了同样的试验，验证结果显示，AI 所判断的高潜力（购买可能性大）的人群的购买率果然大大提高（参考本章“日用品实体店试验成果”部分）。虽然酒类试验验证还需要一些时日，通过 AI 品质管理实现的优化陈列结果表明，AI 能让此前大部分依靠人工完成的工作的效率得以提高，并且还能挖掘出提高销量的潜力，最终实现产能提高的预期。

通过 AI 分析大数据和深层数据，此前那些看不见的事物都会转变为“数据”，从而实现可视化，并且贯穿整个购买环节的市场营销、采购都能得到优化。

另外，TRIAL 公司的 Island City 店还采用了智能购物车，购物车上搭载的显示终端，可以根据顾客的个人偏好向其推荐商品，进而推进市场营销的定制化，我们可以知道什么时候给谁做什么样的推荐。

我们需要服务化和真正理解顾客

今后，到了 AI 应用普及的那一天，生产商要怎样进行自己的商业活动呢？据我了解，日本的许多生产商向来都是以“日本品质”作为其事业的根基来谋求发展的。如果我们只注重产品的功能价值，那么在劳动力成本以及价格竞争力方面，与新兴国家竞争是尝不到甜头的。可以说，我们现在就处于这种状况中。对此我们要思考一个概念，那就是市场营销的框架——服务主导逻辑（SDL）。

SDL 不会区分物（有形商品）和服务（无形商品），而是将二者结合起来看待，并且还将企业和顾客整合到一起来创造价值。它是一种站在“价值共创”的视角上进行市场营销的思维方式。按照以往的思维方式，物本身带有价值，物品需要等价交换，它是一种商品主导逻辑（GDL）。GDL 认为顾客通过支付来获取商品，这就是企业和顾客间的价值交换。

对于 SDL 的具体内容，以及各生产商如何互相竞争，这里暂且不谈，我们不妨只拿饮料举一个例子。生产商不仅要吸引顾客购买饮料，还要主动设想顾客喝饮料的情境（服务），并且也要让顾客参与进来共创共享。各生产商要在提供商品的同时提供服务，这样才能彰显出自己的个性。

对于生产商而言，根本问题在于能否真正理解顾客。有一种说法是“人类”90% 的行为都是在无意识状态下完成的。美国曾有人就消费者对某品牌的印象和购买意向进行了采访和问卷调查。采访和问卷调查的结果两极分化，既有人表示是有意识购买，也有人表示见到就买。这样的结果虽不容忽视，但市场营销活动只采用调查法，是很难做到真正理解消费者的。

因此，生产商需要更加理解顾客。为了理解他们，还要根据他们的生活方式，掌握各项“数据”。有句话说得好——“得数据者得天下”，我们应该把消费者这 90% 的无意识生活行为转换成“数据”再去理解。

AI 的挑战：提升四种顾客价值

今后我们要将生产商和消费者之间的关系用数据表示并解读，值得注意的是美国乔治亚州立大学库马尔博士在一篇关于顾客关系理解的论文中提到的一个观点——四种顾客价值，如图 3–7 所示。

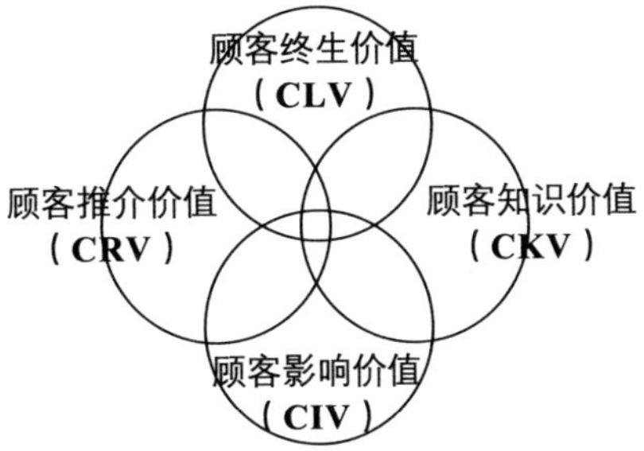

图 3–7　四种顾客价值

※ 根据 Dr.Kumar et al. (2010) 的论文制图。

【四种顾客价值】

顾客终生价值（CLV）：顾客终生为企业带来的价值（购买商品等）。

顾客知识价值（CKV）：顾客通过购买商品或消费反馈给企业的知识和信息的价值。

顾客推介价值（CRV）：顾客向新顾客介绍、推荐商品的价值。

顾客影响价值（CIV）：顾客本身给其他顾客带来良性影响的价值。

与顾客建立良好的关系，顾客便会为企业以及其他顾客带来附加价值。我认为这应该是企业永远追求的目标。但是，实现顾客契约（企业、商品、品牌和顾客间建立深厚的关系）的持续可视化工作，单靠人工几乎是不可能完成的。大多数与顾客的言行和生活方式相关的数据等有利于提高顾客价值的要素都能通过 AI 进行解读。只有持续地进行这样的工作，才算得上是真正地理解消费者。

今后，生产商不仅要继续努力制造安全、安心、高品质、有价值的商品，并且还要通过“商品 + 服务”的一体化形式来创造价值，为此我们可能需要将数据作为一个平台。就算是大型的电商企业也不会仅仅收集消耗品检索和购买数据，还会收集和分析消费者个人消费等所有支出领域及其生活方式的一切数据。如今的生产商已不再醉心于和其他企业的互相竞争。我们必须和拥有各种数据的平台通力合作。

若想和先进企业共享数据和 AI，当务之急就是把 AI 纳入企业基础设施、保护人才和培养人才计划中来。日本国内 GDP 约 60% 来自内需。内需的核心是流通零售消费市场，我们正需要能够盘活内需的企业。

日用品实体店试验成果

一般社团法人零售 AI 研究会日用品分会技术顾问　**今村修一郎**

零售 AI 研究会对食品和日用品都特设了分会。各个领域都在进行零售 AI 实践。下面介绍一下 2017 年开始实施的门店试验。我们从力所能及的领域开始努力，在短时间内既获得了成果，也经历过失败，我们终于搞清了什么是零售 AI，今后又会有什么样的变化。

自 2017 年 9 月分会成立，到试验开始前，我们的准备时间仅有两个月，但还是赶在当年的 11 月 1 日开始了试验。分会由五家日用品制造商和一家批发商组成。这些企业虽然在市场上是竞争关系，但它们还是跨越了隔阂组建了团队。它们选择了合作而非竞争，因此能先人一步赶上零售 AI 的潮流，这些公司都从这次试验中获得了宝贵的经验和相关知识。我们选择的试验对象产品，主要是沐浴露、口腔护理产品、生理用品、除臭剂这四类，这几类产品作为试验对象容易获得各家生产商的协助。

试验概要

首先必须考虑的是速度，我们对此的目标是，不论成败先放手一试，我们采取的战略是“以最小的代价快速试错”。进行试验的店铺是已经设置好摄像头的 TRIAL 公司九州 1 号店。我们事先已经分析了 ID-POS（附带顾客身份识别功能的 POS），将目标消费者锁定在 20 岁出头的女性。

对于零售 AI 的应用，我们设想了许多脚本。虽然需要涉及定价、结算、促销、专柜布置、店内活动路线、优惠券等方面，但为了尽早在店内进行试验，试验的内容主要集中在已有的事例上。

在什么样的门店引进推荐引擎，这同样是试验验证的重点。日用品分会在店面采用了交错式货架。由于来这类主要以销售食品为主的店铺购买日用品的消费者非常少，我认为可以在一个专柜集合多品类的商品，这样一来，那些没有购物欲望的顾客可能也会驻足观看，这样的专柜试验才更容易显现成效。

除此之外，食品分会对同品类中的每种产品都分别做了试验。特别是保存温度不同的商品，若要对装饮料的冷柜中的其他种类产品一并开展实验，实际上是很难的。由于各个品类又有不同口味、不同大小的差异，因此消费者的偏好还要细分。随后，还要设置许多 SKU（库存量单位），通过优化 SKU，来提高销量。SKU 是商品的最小管理单位，比如一种 T 恤有四种颜色，尺码有 S、M、L、XL 四种，那么它就有“16SKU”。

我们正是在设想了以往商业活动中所存在的问题和店面陈列的限制之后，才制定了试验概要。这样各公司就能充分发挥自己的商品分类知识和提议经验，这也是零售 AI 试验之所以能快速而稳健地取得成功的一大原因。

充分利用开源代码

零售 AI 不是最先开始开发基础技术的，我们很重视对开源代码的应用。使用开源代码，就不涉及软件成本的问题，由于技术信息公开，为客户量身定制也比较容易。此外，由于升级换代频繁，算法的处理速度和精度及功能本身都得以迅速改善。我认为零售 AI 的本质在于思考如何运用开源代码。如果功能不足，需要改善算法，就可以把问题拿到桌面上，以加快速度解决。我认为这也很重要。

为此，我们要积极地进行实验，发现缺憾，促进零售 AI 的发展。遵守“以最小代价快速试错”原则，零售 AI 研究会正在积极进行开源代码的应用。涵盖内容包括 Python 编程和 Apache Spark 应用实践。

推荐引擎在 ID-POS 上的应用

推荐引擎是 AI 中最为适合应用于零售的算法。在网购中，商品推荐已经司空见惯，通过应用在线 ID-POS，可以省去寻找最佳算法的劳力和时间。

最有名的推荐引擎应用当属电影评测。用户可以对电影做出一颗星到五颗星的评价。对于某用户没看过的电影，推荐引擎可以从过去的电影评价中找到相似的用户，推断此次的评价。比如想知道对好莱坞动作电影打出了高分的用户对动画电影的态度，就可以搜索和他情况相似的用户进行推测。

推荐引擎正在网购中普及，形式多表现为商品推荐，即使用过去购买商品的记录和评价招揽新客。

很多人会认为在线零售业不太会存储数据，实际上会员积分卡广泛普及，ID-POS 能存储相当多的数据。传统意义上的 ID-POS 数据应用，几乎都用于合计结果。将销量分解成顾客数、购买频率、单价、个数等多个因素，并从中发现机遇。或者从同时购买或限时销售时售出何种商品等数据中推导出用户画像（人物范本），我们则可以对特定的顾客提供相应的打折服务。

金钥匙：巧用原始数据

由于推荐引擎不需要使用合计数据，而是需要原始数据（以收据为单位的处理数据），因此，能否利用好这些数据，关乎实现零售 AI 的最低条件。对于这一点，自然不能单靠生产商，零售 AI 协会要和零售业一起进行试验，这样才能顺利实现数据共享。

通过此次试验，我们让 AI 分别学习 ID 和 SKU 两种数据，同时加入了对未购买的 ID 的预测值。我们采用了开源代码程序——Apache Spark 的学习功能数据库。Apache Spark 的推荐引擎支持协调过滤算法，使用交互最小二乘法“ALS”技术。协调过滤法是事先在假设“自己虽然没有购买，但和自己相似的人购买的商品，自己也一定需要”的前提下进行推荐的一种方法。试验中，我们提取了九家门店过去半年来从 ID-POS 获取的 20 多岁女性的全部购买记录，并让 AI 进行了学习。

此次，我们使用购买频率作为协调过滤算法的评价标准。我们认为，购买次数多就能证明顾客会成为回头客且对商品评价高。此外，我们希望试验能在有限时间内取得成效，并期待能够预测出顾客半年内会购买商品的次数。虽然金额和个数都是参考指标，但也要考虑到一次性大量购买的情况，因此先要将试验锁定在频率上。现阶段我们并不是根据四类试验对象产品来推测实际购买频率，而是提取了 20 多岁女性购买频率预测中的高潜力 SKU（预测购买频率高的

SKU)。对于购买频率高的 20 多岁的女性，她们的 ID 则可被预测为高潜力 ID（预测购买频率高的 ID），同样会被提取出来。

人工专柜开拓

选定 SKU 后布置专柜的工作并不能通过 AI 实现，而是要通过人工完成。实际的货架布置也一样，品牌分隔（将同品牌商品分组的方法）以及除臭剂、沐浴露之类原装商品及其替换装布置的平衡，还是要根据以往的经验。下面再举几个例子。我们将根据 AI 计算出的高潜力 SKU，按照价格高低，从上到下码放。比如生理用品下面放置口腔保健品这样的码放方式，在消费者看来会显得十分不合适，因此难以购买。对于这点，我们会利用好过去的货架陈列经验，将每个品类一分为四，两个吊篮的上段、下段各安排一个品类。重量轻的商品较多的 SKU 放在上段，像沐浴露这种重量大的商品就要放在下段。

而且，除臭剂只有替换装的 SKU 登上了高潜力榜单的前列，于是我们把它和原装品放在了一起。这是因为新客会需要购买原装品，所以在范本中，它的购买频率才会比较低。

此外，我们为了宣传专柜，还特意制作了促销产品，而不仅仅是布置各种商品，让顾客方便购买。况且，既然要做交错式陈列，向顾客展示专柜的主题就显得相当重要了。这一点在过去的商业调查中也表现得很突出。这次我们设定的主题是除臭用品，目标人群是20多岁的女性，我们同时制作了一些能让顾客联想到商品“味道”的POP，并将之设置在专柜上。

这次进行试验的门店设有固定摄像头用于观察专柜情况，经过专柜的人数也被纳入了调查项目。这样就能评判客人是有意来到专柜还是刚巧有机会稍作停留。此外，我们可以在不改变价格和陈列的情况下，比较做出改变和不做改变的店铺之间的差异，再对结果进行评价。

日用品试验结果

我们对试验店（一家）和比较店（八家）进行了试验前两个月和试验后的两个月的情况的对比，并对前后差距做出了评价，见表3–4。比较店保持了平均值，因为其中也包括了店庆促销和年末等打折季的情况，所以我们不采集这一时段的数据。试验前，我们计算出四类商品的试验对象SKU销量增长率达到100%。首先我们确认了结果，而目标人群正是20多岁的女性。

表3–4　　试验店结果

20多岁女性	金额构成比	销售率	平均金额	平均个数
试验店	183%	223%	109%	105%
比较店	92%	121%	98%	104%

试验店的金额构成比（试验对象SKU占店铺销量的比例）大大提高，主要原因是销售率倍增。比较店的销量也有

所提高，但金额构成比整体回落。这些都是受陈列、促销、宣传等同时期商品策略的影响。之后，在试验店 20 多岁女性和其他年龄段女性的对比中，我们验证出试验确实对目标人群产生了效果（见表 3–5 所示）。

表 3–5　　20 多岁女性和其他年龄段女性的对比

试验店	金额构成比	销售率	平均金额	平均个数
20 多岁女性	183%	223%	109%	105%
其他年龄段女性	132%	162%	103%	106%
差距	+51 点	+61 点	+6 点	−1 点

将 20 多岁的女性作为目标人群，确实比其他年龄段女性在金额构成比和购买率上占有优势。实际上，由于店内又新设了购物通道，因此专柜增加了一个，其他年龄段女性的购买率也有所提高。因此，排除新设购物通道的营销因素，可以证实，这都是推荐引擎起到的效果。

我们提取的目标人群 SKU，可以说起到了一定的效果。最后，我们验证了 20 多岁的女性中特别容易购买对象 SKU 的高潜力 ID（见表 3–6 所示）。

表 3–6　　20 多岁女性高潜力 ID 验证结果

试验店	金额构成比	销售率	平均金额	平均个数
20 多岁女性高潜力	550%	891%	79%	164%
其他高潜力	150%	178%	109%	101%
其他年龄段女性	132%	162%	103%	106%

令人惊奇的是，预测的高潜力人群在金额构成比和销售率上占有极为明显的优势，虽然平均金额有所减少，但购买

率却提高到了 891%，增长将近九倍。反观高潜力但非 20 多岁女性的人群，她们在数字上和其他年龄段普通女性十分接近。

从结果看，我们除了可以通过性别和年龄，还可以通过消费者过去的购买记录，来掌握他们的属性，可以说此次目标的设定十分成功。通过推荐引擎，SKU 和 ID 被较好地结合起来。这样一来，通过零售 AI，我们就可以选定预测 SKU 并锁定目标消费者，一部分流通战略和销售方针也能得以实现。即便缺乏经营经验和商品知识，只要掌握了数据和算法，就能制定战略，不论是菜鸟还是从其他行业转行进入流通业的人，都能轻松上手。

不过，我们还有一些问题需要解决。例如，像实际的专柜陈列以及 POP 文案的设计，这些不能靠零售 AI 完成的领域还有很多。此外，这次由于我们进行了锁定，虽然增长率有所提高，但人数却不算多，日用品的购买频率也不算高，因此这次试验并没能对实际数字做出多大贡献。

比如购入频率较高的食品分会，只用了一个月就取得了显著的成果，由此可见结合产品特征改变宣传方式十分重要。

零售 AI 的“三神器”

想要推进零售 AI，我们必须在三个方面继续努力，即数据、软件和人才，这正是零售 AI 的“三大神器”（见图 3–8）。

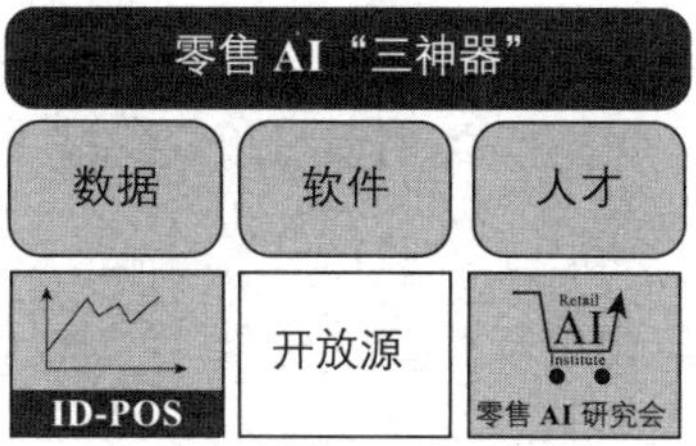

图 3–8　零售 AI“三神器”

首先，这里的数据指的是和 ID-POS 共享的原始数据。这种数据的数量和质量自不待言，并且它和推荐引擎的适应性也非常好。ID-POS 的原始数据在零售业保有的数据中，最适合使用 AI 分析，并且使用时也不需要附加投资，它就好比一个秘密宝藏。不过对 ID-POS 原始数据的利用几乎都处于起步阶段。

原因在于，它并非单纯的技术课题，也不只是涉及个人信息保护观点的问题，事实上，管理层的指示不能传达，就谈不上应用原始数据。原始数据涉及商品信息、价格信息、顾客信息等多种数据，因此不能单靠商品部门和营业部门，需要许多其他部门参与进来，才能应用好它，同时这也需要各部门间的互相协调。有时，由于协调耗费时间，可能导致 AI 应用不畅。零售 AI 是一种企业战略，而非针对个别企业的计划。为了跨越这个障碍，管理层一定要做好决策工作和指示传达工作。

下面我们来谈谈软件。之前讲到过，我们必须利用好开源代码，营造出一种时刻做好准备的态势。软件本身并不需要成本，如果从最基本的地方入手，就很容易见成效。此外，由于技术信息公开，出现问题时也可以找到解决方法，并能轻松地分析运行不畅的原因。若软件开发外包，软件内容便处于黑匣化状态，因此想要进行改良和改善，又需要做大量验证工作，这个过程很有可能耗费成本。重要的是，以小规模起步为重点，是否就能快速取得进展？自己的公司是否能积累经验？

第三点是人才。即便数据和软件都已齐备，如果没有人才来把控这些资源，那么一切都将是空谈。但实际上培养和保护人才却要面临巨大的障碍。零售 AI 研究会正是为了解决这些问题才诞生的。如果我们面对的问题靠自家公司难以解决，那就多家企业联合起来共商大计，便有可能将其解决。即便企业间处于竞争关系，研究会也能让它们通过互相协作，推进零售 AI 的发展，这正是研究会的强项。研究会不会拘泥于一般商业关系，而是作为一个实践、学习基地，积极研究 AI 技术的应用，以中立的态度运用零售 AI，加快流通零售领域变革的速度。

AI 的先行者利益

日用品分会和食品分会正强强联手，筹划进行第二次、第三次试验。此次试验的 SKU 选定由推荐引擎进行，这就是我们 AI 化的第一步。但是，店面陈列模式和陈列位置以及价格等方面，还有很多未被开拓的处女地。

例如，技术上除了推荐引擎外还有其他手段，但没人做过尝试。此外，现今的模式中，尚未涉及时间方面的内容。只要去研究 RNN 及其扩展——LSTM 等时间系算法，我相信诸位一定会有新的发现。

另外，我还想进行实体店的选定和目标转换。日用品方面，超越固定品类的联合销售很难实现，设计新的销售品类也不容易。为此，今后有必要考虑如何培养回头客。我们要通过扩充商品目录、提高单价、实施季节性促销之类的手段，加快零售 AI 进化的速度。

通过大量学习，AI 将会得到进化。比如，我们看到的那些下围棋和象棋的 AI。也就是说，AI 引进越早，学习得越多，它的价值就能越大，先行者的利益也就越大。让 AI 学习各种经营模式，它就越有机会取得新的发展。

对于 AI 的应用，单靠一家企业闭门造车是不现实的。因此，整个行业通力合作，提高 AI 的精度和功能，通过 AI 技术改造店铺，才是零售 AI 的拿手好戏。我们分会的全体成员希望今后继续开展试验，使用零售 AI 技术改革流通零售业样貌，并加快将利益反哺给消费者的速度。

应用 AI 零售的电商冲击

粥川直人

汽车产业革命通过引进 AI 技术，实现了自动驾驶。同时，AI 也给数字营销领域带来了冲击。

电商企业让 AI 学习和记录顾客对广告的关注度、网站浏览量，以及商品购买记录等数据，并通过个别提供广告宣传的地点和实际表现，以及广告引导目标页面（登录界面）的推荐方式，来为顾客提供服务，由于这些服务都结合了顾客的属性,因此有助于提高销量。其中的关键在于“定制化”。它指的是结合每个人的兴趣点、关注度以及行为模式，来优化服务。我们今后还要加快这方面的步伐。

2017 年，美国达拉斯开办了 SHOP.ORG 数字营销大会。会上，有很多企业推出整合了各种数据的 AI，通过定制化，来实现市场营销的方法。并且，我关注了 Adobe 发布的 Adobe Sensei。它给广告界带来了冲击。从此，广告创意制作、Web 页面、软件的投屏、媒体和 SNS 推送计划等工作都能通过简单的操作来实现。

Amazon Go 引发的流通业电商转型

接下来，这些使用了 AI 技术的数字市场营销工作，就将和实体店的零售业脱离关系。如今流通零售业界的市场营销策略都是被动地以宣传广告和店内促销为主。因为定制化的宣传媒体目前尚不存在，而且定制化所需的顾客数据也同样不存在。

我们要大量生产，广泛营销，再将货物全部运到店里去销售。这样一来，账目笼统必然会引起混乱，没有人敢尝试，但到头来我们却发现，它比精打细算的效率要高得多。

然而，时代变了。现在的状况是商品生产了不少，卖得好的却不多；广告打得不少，看了就来买的人却不多。越来越多的日本女性进入了职场，她们只能在休息日购物，因此每天盼着打折的“职业买家”就只剩下家庭妇女了。现在的局面是生产过剩、店铺过剩和广告过剩。

一般说来，供给过剩容易造成竞争激化，从而导致优胜劣汰。美国的流通产业经过一轮竞争和淘汰，零售业的寡头垄断愈演愈烈。零售业不断上演淘汰赛，而沃尔玛的销售额已然突破 60 万亿日元，这使得那些销售额达到 10 万亿日元以上的零售企业也都感到恐慌，这就是美国零售业的现状。寡头垄断使得整个产业的效率得到一些提高，因此在流通领域一直弥漫着“胜负已分，万事休矣”的氛围。

毋庸置疑，以杰夫·贝佐斯率领的亚马逊公司为代表的电商企业不断扩张，但许多人仍然相信，沃尔玛“铁打的江山”不会因为和自己井水不犯河水的电商企业而有丝毫动摇。

而应用机器学习技术打造了 Walk Though 支付系统的 Amazon Go 却激起了滔天巨浪。Amazon Go 引发了一场支付革命，它让世界上的零售企业惊觉“数字化转型已然迫在眉睫”。中国的移动支付已经领先了我们不止一两步，缤果盒子以及阿里巴巴等企业都在进行着先进的“支付革命”。

日本的新型支付改革同样发生在零售业。比如 JR 东日本尝试性地引进了 Signpost 公司的“Super Wonder 支付”，罗森便利店和松下公司则引进了收款机器人。此外，我任职的 Remmo 公司则将智能购物车推广给了 TRIAL 公司（见第 1 章），这都是通过支付改革来促进门店提高效率的。

实体店的优势在于诱发“非计划购买”

这些实体店进行的支付改革，将会给数字市场营销带来翻天覆地的变化。事实上，引进智能购物车的目的在于改革促销手段。

而亚马逊之类的电商企业，它们的优势在于能掌握世界上所有商品的需求，知道何时应该满足何种商品的需求。就算是只有专卖店才有的冷门商品，顾客也能迅速下单购买，并且不用去实体店排队付款，只要在手机上操作几下就能完成支付。之后也不用拎着商品回家，只要在家等送货上门即可。这就是电商企业的优势所在。不过，当我们不知道该买什么的时候，还是去逛实体店比较方便。相信不会有太多人习惯一边在亚马逊购物，一边寻找有没有自己想买的东西。如今的电商企业，基本上都是停留在满足显在需求上。因此顾客总是需要先输入检索关键词，界面也同样会迎合这一趋势。相比之下，实体店的优势就在于能让顾客想到自己需要什么。那么，如今零售商和生产商有没有认识到这一点呢？

很显然，零售商和生产商已经了解到创造店内非计划购买的重要性。但是实现手段也就是使用店内 POP 等促销工具，想方设法地琢磨商品陈列等，而这些工作大多数都需要动用劳动力。因此，有时候这些布置和设计无法使用，更严重的情况是既无法使用，又要支付有偿处理的费用，这样便会造成极为严重的浪费现象。

而智能购物车上搭载的显示屏、零售业智能软件，或者是店内数字广告牌等设备并不需要在店内组装布置，而且由于它们属于数字设备，可以允许远距离改变显示内容，也可以支持定制化服务，使用方法得当便能提高销售额，因此这些促销工具会受到店方的欢迎和喜爱。

除此之外，单凭 TRIAL 公司在引进智能购物车后，某种调味料的销量比上一阶段提高了一倍这一点，相信各位已经能够理解它作为广告、促销手段的魅力了吧？

推荐贵在时机准

虽然手机 App 和店内数字广告牌都有吸引非计划购买、推送（商品推荐）的功能，但智能购物车却能在顾客购物期间，及时提供各种推送信息。下面是我整理的智能购物车推送时机：

1. 扫描商品条形码，将货品放入购物车时显示的推送；
2. 停止操作一段时间后显示的广告推送；
3. 提醒顾客不要忘记购买所需商品时的推送。

根据不同情况，推送时机是否恰当、推送内容是否符合定制化、是否具有针对性，这些条件都会变得至关重要。

例如，顾客在某电商网站上购物后，收到了大量推送广告。因为收到邮件的时候他已经完成了购物，所以邮件发送得太晚，而且还可能是别人工作的时候发送的，即便是量身打造的推送，也只能被当作垃圾邮件处理。

同样，如果顾客将要结账或回家时收到推送，也只是徒增他的烦恼。只有在他购物的过程中适时推送诸如“您需要这个吗”的信息才有效。AI 需要具有识别顾客正在购物，并及时发送消息的功能。

现在只有人工智能购物车能实现这一功能。智能购物车可以根据顾客目前的位置和目前购买的商品，提供商品推送信息。不过，即便顾客希望购买时接收到推送商品信息，如果没有这种商品出售，或顾客须在店内四处寻找，这样也会让顾客感到不满。对于这种状况，AI 应该在后台列出顾客可能购买商品的清单，然后只向顾客推荐距离较近的商品。

忘记购买的商品信息的推送要优先于购买概率高的商品。这是因为购买概率高的商品，如果超过了平均购买天数，就属于马上需要采购的商品。而当季商品、当日购物车内商品的配套商品，则不会被计入当日所需商品中。

结合网上行为，实现复合分析

推送方式的研究还有不少余地。目前的推送系统一般会采用过滤模式。亚马逊等电商网站通常会推测“买了这种商品的人一定会购买这类商品”，之后便会复制并推送这一类商品，这就是过滤模式。这种推送体系的优势是可以预先计算，简化 Web，可以明确地向顾客解释为什么推荐这类商品。

不过，这种推送方式也存在缺陷。比如推荐的都是大众化的人气商品，而新产品和一些人气不高偏冷门但确实被顾客喜欢的商品却难以得到推送。

音乐流播软件 Spotify 为了避免下一首歌推送的都是流行曲目，会预先分析曲目内容中的信号（频率分析数据）以及曲目的元数据（作曲家、级别、年代、类别）再让深度学习引擎对其进行学习并分类，不论是新曲还是冷门歌曲都能得到适当推荐。但这种方式和之前提到的协调过滤模式正好相反，对于推荐的曲目，很难用语言进行说明。虽然同曲种和同一艺术家的情况很容易区分，但有时候歌手声线相似、曲子节奏相近，这些情况也必须考虑到。

Esty.com 是一家有名的手工制品 C2C 的电商网站，它出售的商品中有很多难以分类的艺术作品。因此它和那些由企业负责加入 JAN 码再进行商品销售的电商网站不同，绝大多数的商品都不能进行分类。这就像 Spotify 的推荐一样，需要让名为线性判断分析（LDA）的机器学习引擎来学习推荐作品的图片和浏览记录，从而给作品添加多种属性的标签，再进行分类，这样推荐和检索以及管理都会变得便捷。

实体店的推送也要实现让 AI 学习生产、销售源、成分、包装图像等数据，这样一来，不论是新商品还是冷门商品的信息，都可以被推送了。以上便是我的一点见解。

或许今后 Web 可以从天气、季节、最近的销售动向等多方面因素进行分析，向我们展示购买率上升最显著的商品。

事前结合顾客 ID 和其 Web 浏览记录的 Cookie，比如顾客来店前在网上浏览了关于露营的内容，或者查询本周末天气是否适合露营，此时如果这位顾客周末在店内购买的牛肉的量超过他家平时所需，那么就可以推定“他决定去露营”，这次来店里就是为了大采购。于是 AI 就会为他推送木炭、大容量水瓶、酒精之类的商品，以及适合野炊的菜品，由此我们可以想象，这位客人可能会购买贵一些的食材。

“购买这件商品的人会再购买这类商品”——上面的推送可不是这么简单就能说明的，它需要从各种理由中导出推荐结果，AI 要结合多种因素才能做出判断。

亟待完善：提高处理速度的系统构架

值得注意的是机器学习所需要的时间。虽然前文讲述了我们让机器学习了各种数据，以及收集数据对推送和促销如何重要，但事实上我们不仅要收集数据、让机器学习，还需要高效地完成这一过程。

当 AI 推送需要分析的数据种类和数量较多的时候，所需学习的数据也会增加，包含数据库的系统环境会变得复杂，处理速度也会变慢，这也是一个问题。它将导致创设环境的系统和成本也会增加。

因此，Remmo 智能购物车的运作分为两个步骤，首先是提取人们可能会感兴趣的商品，其次在其中选取购买概率最高的商品，在顾客购物时瞬间做出推送。

我听说 YouTube 的推送系统也采用同样的方法。世界各地的人们每一秒内会向 YouTube 上传许多视频，而 YouTube 的推送系统不会追溯用户观看的每一个视频，而是事先提取用户比较感兴趣的视频，做出推送名单，然后在名单中瞬间推送出视频，因此，它的推送也分成了两个步骤。

为了构建推送系统，方便商用，对于每种使用方式，我们都要考虑到需要处理的数据量、通信环境、设备处理速度以及成本等综合因素，再经过反复调整才能成功。到时候，技术进步会让这一体系更加优化，因此我希望它能够惠及更多的相关领域。

关注行为经济学的助推理论

通过利用推送系统，零售业和生产商可以进行广告、促销、制作宣传彩页等活动。我们可以想象，今后很多销售人员都会掌握对什么样的顾客，应该使用什么样的营销手段，从而提高销量的方法。但以经济合理性为前提的促销手段，不一定会打动所有人。人们对于自己钟爱的品牌，有着一种情怀，因而不容易接受新推荐。反过来，虽然没做什么广告，但时常也有人因为一件小事或一句普普通通的话，就转而对其他品牌的产品垂青。为什么人们会钟情一个品牌，选择去购买它呢？可能就是因为广告，或者是在SNS跟风，受别人的推荐才去购买，或许是受到这家企业其他商品的影响，也或者只是饿的时候刚巧看到了这款食品。

虽然通过数据，我们能够了解这一切背后的影响因素，但人的心理是十分复杂且难懂的，不能完全单靠经济合理性去理解。我们好不容易通过收集数据分析出了人们的偏好，但人的性格就好像三月的天气，其价值标准轻易就会发生改变。所以，即使掌握了营销专家的专业知识，同样要面临过时和坐冷板凳的风险。

因此，我关注的是“助推理论”（Nudge）。“Nudge”一词的本意是用肘部捅人一下，为了打动人心，就要给人的内心一点点刺激。助推理论常用于改变人类行为的策略中。这和广告、营销专家口中的“insight”的概念十分相似。“insight”是指“购买欲的核心或内核”，而刺激购买欲核心的手段就叫作“助推理论”。对于这方面的知识，近来行为经济学家的研究有了突破。2017年，芝加哥大学的理查德·塞勒教授获得了诺贝尔经济学奖，他研究的助推理论为行为经济学做出了贡献。2018年出版的《助推：如何做出有关健康、财富与幸福的最佳决策》（*Nudge: Improving Decisions About Health, Wealth, and Happiness*）正是关于他的理论研究的著作。

有一个很有名的例子：阿姆斯特丹的史基浦机场内男厕

所的小便器上都画有苍蝇。之所以要画上苍蝇，是因为小便器周围污渍的清洁费相当高，据说小便器中心画上苍蝇之后，清洁费马上就减少了 80%。原因在于人类都有“朝着靶子瞄准”的本能。超市里，地面上标记脚印，人们就会自然而然地去排队，这也是助推理论实际应用的一个例子。

故意让顾客闻到烤面包的香味、把最赚钱的商品摆在货架最上层、固定商品不换货架，这些促进人们购买欲的方式都在触发人类的无意识行为。这样人们或许就会买一些并不准备买的商品，或者按照惯性又去购买某些商品。这些情况都有可能是店家的刻意为之。

经济学是在人类的经济合理性的基础上产生的，而行为经济学的起点则是在人类不受经济合理性影响的地方。行为经济学家霍华德 · 西蒙承认人类存在合理性，但合理性的能力是有界限的，人们发挥理性受限于所掌握的信息。人类和电脑一样，处理数据的量和处理能力都是有限的，我们会抽象化一些无关信息，对相关信息又会做出限定，也许我们就是善于节能式思考的生物吧。

购物车运用助推理论的小提示

今后，实体店的促销也不仅仅限于让利和做活动，我们也需要在行为经济学的基础上研究新方法。比如智能购物车的应用，下面我就列出几个和今后促销相关的提示。

提示 1：优惠券促销

做活动和让利、有奖销售等促销方式都比较合适。比如优惠力度一样的两张优惠券，一张随时都可以使用，另一张只剩两小时能用，哪张对人的吸引力更大？如果按照经济合理性考虑，当然前者在吸引力上占有绝对优势，人们 100% 会选择第一张。但是事实绝非如此，有时候选择后者的人会更多。

在行为经济学领域，2002 年诺贝尔经济学奖获得者丹尼尔·卡内曼提出了前景理论。根据这个理论，比起对眼前实惠的追逐，我们人类更担心得不到实惠，对此反应尤其敏感。比起得到优惠券，人们更担心有时限的优惠券过期，从而遭受损失。

提示 2：宣传活动

如果减轻 1000 克体重，就一定能得到 10 000 日元的报酬，减重期间体重升高的概率就会降低，但这段时间一过，还是会恢复体重的。但是，如果时间过了还要继续保持体重，甚至减重还能随机得到报酬，这样的活动虽然在经济上利益不大，但可以维持体重的概率却很高。这就是为了得到报酬而进行的行为和一些受外因影响的行为日后会变成习惯，最后“减肥”便会内化为个人目的。

同样的道理，有些运动员和音乐家最开始或是受人鼓动，或是出于单纯“想红”等其他目的，最后都可能逐渐和报酬脱钩。

最近我们开展了一些“保底优惠”的活动，比如继续购买可获得随机奖品等。我希望顾客知道，他们得到的回报一定会大于投资。

提示 3：价格决定

如何调整商品价格呢？按照行为经济学的观点，如果雨伞原料涨价，顾客当然能够理解，但如果趁雨天给雨伞涨价，这种价格变动就会遭人诟病。提价时，理由一定不可太过庸俗，而是要用一个让顾客容易接受的说法。

赤城乳业主打产品咯吱君（日本的一种老牌棒冰）的价格一直保持不变。不过自 2016 年起，它们进行了一次时隔 25 年的涨价。原价 60 日元，现价 70 日元，当时打出的口号是“25 年站稳脚跟，一朝失足无奈涨价”，公司老总和管理层以及普通员工一起低头认罪，搞出来一个“道歉的电视广告”，此事一出，不仅国内悉知，甚至传播到了海外。虽然该电视广告播出后，咯吱君果然涨价，但销量反而提高了 10%。此举不仅解决了如何打出低价旗号的问题，并且还巧妙地告诉大众，自己不是为了提高利益而涨价，而是由于外部因素，不得不涨价，从而给大众留下了一个好印象，这不失为一次成功的宣传。

曾十分火爆的立式牛排店“IKINARI 牛排”，正是因为运用了框架效应（或者说是心理暗示）而取得了成功。1500 日元一份的牛排，可算不上是一顿便宜的午餐，但这家牛排店到了午餐饭点，总是人满为患。这些排队订餐的人并非富人阶层，他们只是觉得，自己是花钱吃一顿平时吃不上的大餐，而不是吃一顿昂贵的午餐。虽然工薪族们平日都会对午餐精打细算，努力维持在 1000 日元以内，但若将其归为不常有的娱乐费或者和朋友的交际费，那么 1500 日元其实还是挺便宜的。

再比如咖啡。在日本的便利店喝一杯好喝的咖啡差不多要花 100 日元，但星巴克 300 日元一杯的咖啡从不降价，仍旧有人排队购买。星巴克卖的是星冰乐等高附加值的有设计感的饮料。有分析表明，顾客就是受其影响才去购买的。但我觉得不仅如此，比如那些为了追赶时尚的年轻人，动辄花费几千上万日元，而如果只花几百日元，就能“潮”上一把，这可比买潮牌便宜多了！

近来，价格促销的效果越来越差，同时消费者参照的行为模式也今非昔比。过去家庭主妇喜欢货比三家，出入各家具有竞争关系的店铺，愿意花大量的时间在报纸夹缝中查找宣传海报，只为省下一些开销。但是女性工作的机会开始增加，男性多少也开始帮忙操持家务，人们开始认为“受限时间＝时间成本”，因而不愿意去很远的超市购物，宁可多花点钱选择较近的店铺购买商品。除非那家较远的店铺价格超低，街头巷尾人尽皆知，否则已经算不上参考价格了。

第 4 章

批发商篇：物流、销售环节的 AI 战略

04 リアル店舗の逆襲

AI 技术解决批发业难题

一般社团法人零售 AI 研究会　**批发分会**

批发业承担着减少供应链整体成本的重要任务。生产商、零售商通过使用批发业的“信息提供”和“商品储备”等基本功能，就可以专心投入制造和销售工作。同时，批发业则通过推进系统化、机械化，促进效率提高，从而降低成本，生产商和零售商作为批发商的顾客便能得到实惠。批发业降低成本会让整个供应链的成本得以降低，我们可以称这一行业为“减成本商业”。

不可否认的是，批发业的“信息提供”和“商品储备”等基本功能的价值十分有限。若想解决这一问题，就要认识到 AI 技术应用的重要性。批发业也可以分为许多门类，这里只就食品批发业和日用杂货批发业的 AI 技术应用的可能性做出说明。

AI 技术：提高批发商价值的新航标

日本批发业起源于江户时代的“问屋”，这是日本的一种流通组织。当时的物流和现在截然不同，主要是通过河道运输，游走于大阪和江户之类的大城市，而问屋就负责管理，并以此累积财富。

随着时代变迁，第二次世界大战后由于日本物资不足，问屋便发展成了现在的批发业。但之后随着大型量贩商店的急速扩张，物资不足的困难得以解除，我们便进入了供给过剩的时代。

近年来，随着互联网和 SNS 的普及，人们都可以轻松地掌握大量信息，同时随着网购和快递业务的发展，购物变得极为方便，人们对批发业的看法也随之发生了变化。

20 世纪 90 年代，随着互联网商务的发展，批发业变得无足轻重，“批发无用论”甚嚣尘上。生产商生产的产品经过一次又一次的中间流通，这就是日本特有的流通模式。反对者表示，“不经批发，让生产商和零售商直接交易，商品的价格就能下降。”

实际上批发业终究没有消失，反而有些大型批发公司的规模越来越大，收益也在持续增长。原因在于，批发业的“合纵连横”使得批发体系更加标准化，物流中心也走上了机械化、高效化的道路。

它们整合了多种体系，以达到提高运营效率的目的。在物流过程中，有些工作比人工判断信息和肉眼观测等还要费时，通过将这些工作纳入体系，就能实现业务的优化。

反观欧美的大型零售业，它们往往都会省去中间的流通环节，实现与生产商之间直接流通。

批发业的费用率一般是 12%～13%。如果拿掉批发环节，就必须想方设法补足批发功能。而日本零售市场的寡头垄断没有欧美那么严重，其零售业很难像欧美同行一样控制成本。因此，店铺以外的业务必须委托给批发业，这样零售业就可以专注于商品销售了。所以批发业才得以存续。

然而，倡导流通革命的“批发无用论”再次出现了。随着流通的变化，批发业的“信息提供”“商品储备”等基本功能的价值本身也开始走低。

如今支撑日本物流网络的正是传统批发业，就当前局面来看，我们很有必要重新审视它的功能和职能。为了解决这一问题，下一步我们就必须引进 AI 技术。那么我们应该使用 AI 的哪些功能呢？

运用图像识别技术完成动作分析

在批发业的成本构成中，物流费用以及和营业相关的用工费要占去一大半。能否减小这一部分的成本，关乎企业的生存。

由于牵涉的商品种类繁多，批发业很难实现物流中心的自动化。但最近由于 AI 技术的引进，对于机器人替代人工的研究也日益盛行。

特别是许多企业着眼于图像识别技术，因此物流和营业方面的 AI 应用数量巨大。之后我还要讲到“分拣机器人”和“销售支持系统”，这些都是图像识别技术的应用范例。

有些零售企业开始应用 RFID 和 IC 标签来进行精算和

库存管理。但食品类、日用杂货类商品每件平均只有 300 日元，IC 标签成本又很高，因此许多企业家不太重视 IC 标签，反而对 AI 摄像头的未来抱有很大希望。

物流仓库 70% 的工作都来自分拣，之后我会详细解释。这部分工作就是把预定出货的商品从储存的货架或货柜中分拣集中起来。

分拣工人的工作往往是在货架之间来回搜寻，频繁走走停停，反复确认订单内容，忙个不停。同样数量的分拣任务，不同工作效率的人，所需时间大不相同。因此物流费用也因分拣工作的快慢而产生巨大的上下浮动。

大型批发公司常常对这项工作的工作量（工作时长）进行测算，并形成了数据。哪怕寻找商品货架需要几秒钟时间、分拣一件商品需要几秒，这些工作时长都要用秒表或手持摄像机进行测算。

这就是动作分析。它主要分析如何行动才能快速而准确地完成，从而改善工作。

现在，我们需要先将记录的数据带回工作室，再把收录的录像一遍遍地重放，并将每个动作的所需时间逐一输入电脑，但这项工程需要大量时间。另外测算数据仅仅是一部分的数据，在数量上难以满足需求。

使用 AI 摄像头无须使用人工就能自动进行统计，因此很快就能以数字形式了解员工的工作速度，部分数据也可以得到扩充，寻找问题的精确度也能够得到提升。

而且，由于 AI 支持实时捕捉动作，因此可以结合出货量等信息，通过监视器的显示，实时展示工作进展和工作事故。

此外，原料运输机（运输、卸货用的机器）的故障和失误会影响工作时间，AI 摄像头能捕捉到这些问题，并发出警告。在此之前这些工作需要员工在物流中心长时间巡查，动用“五感”来完成。

工作最早完成的员工表现优异，我们称之为“最有价值的模范”。为了达成这一目标,需要所有人都去改良工作方式。

此外，通过使用仓库业务管理系统收集的摄像数据，统计所有仓库业务的测算结果，那么与之协作的行为标准原价计算（Activity-Based Costing，简称 ABC 计算系统）就可以规划出各种作业所需的经费，通过数字实现作业成本的可视化。

如果将全日本正在营业的各个物流中心的工作成本做一个比较，就能评判它们是否合理应用了 AI 技术以及是否进行了业务改良。

试验中，我们采用了 AI 摄像头和传统分拣两种方式进行了“每日优化”，最终实现了工作效率 1.3 倍增长和工作平均用时减少 15% 的好成绩。看到这样的成绩，我们也能想象到，使用 AI 摄像头一定能够提高工作效率。

活跃于工作计划中的图像识别技术

大型批发企业的物流仓库都在进行工人时间表项目（LSP）管理。在这一体系中，会根据销量预算预测出发生的工作量，再计算出完成这些工作量所需使用的工作时间，从而合理地配置人数、分配工作任务，实现对工作时间的控制。

LSP 模式已经在美国进行了 30 多年的推广和渗透，它是连锁经营（多个店铺由总公司统一管理的模式）的基本思维模式。但批发业的 LSP 管理则要使用工作人员计划和车辆调度计划等。

LSP 的 AI 化就是要将 AI 摄像头过去记录的工作时间、出货量、库存量、天气、经济状况等制作成数据库，让 AI 来学习。这样就可以计算出进货和出货等物流工作所需的人数了。LSP 对于批发业而言是一项重要的物流仓库管理体系，而 AI 技术的引进能使它的运用精度得到进一步的大幅提高。

商品储存柜的上方设有 AI 摄像头，用来记录工作状态。分拣时间会因商品形状不同而产生巨大差距。体积、重量大的商品和易碎商品的分拣都比较耗时间。虽然分拣一件商品只差一到二秒，但大型物流中心一天要有十万件商品出货，因此才会出现“人脑”工作超时或人手不足的现象。

而 AI 则可以结合过去的工作数据，记录不同形状商品所需的分拣时间，从各店铺的订货、数量、交货时间，自动计算出工程开始时间和所需员工人数，从而合理分配员工。

通过累积记录全体工作人员的预测时间，还可以计算出当时工作结束的时间。使用学习了大量数据的 AI 进行计算，就能实现正确的人员时间安排，从而优化物流业务，节省人工费。

由于每个顾客的订货时间不同，工程开始后，不断有大量分拣数据涌入物流中心。通过 LSP 制订好的工作计划也会因为订单量突增或商品人气爆棚而发生意想不到的事态。

比如人气商品的货柜前，聚集太多员工会堵塞通道。这就是工作效率瞬间跌落的原因。这些问题几乎都是在物流中心管理者巡视时才被发现，因而耽误了当天的工作进度。工作改进也只有当天工作结束后，才能通过更换商品存放位置来实现，但这也是后知后觉了。

我们可以给员工配备可穿戴设备（比如手表形装置或名牌形装置），用来收集工作数据，在物流管理室通过位于堵塞货架前的 AI 摄像头的影像来进行监控。堵塞状态以数据形式记录，用于改善工作方式。

除了指示人们改变存放地点、分散商品，在人员拥堵时它还会发送分拣指示，让工作人员分散开来，从而优化工作方式。

有报告称，有了 LSP 和 AI 摄像头的支持，工作效率可以提高到 108%。但是，现在对于工作效率提高的研究，还需要将计算单位精确到秒。

分拣工作既有以订单为单位的情况，也有以单件商品分别计算的情况，但大体都会按照拣货指示书（即分拣单和装货纸板箱或折叠式集装箱配套的分拣卡），在巨大的物流中心内来回寻找，再从商品货柜取货装箱。大型批发公司会用计算机进行这方面的工作，不论是分拣卡还是手持设备上，都会有集货数据。

此外，按照电子分拣体系，会设置电子指示牌表示商品储存货柜位置和层数以及应当分拣的数量，这样做是为了节省工作人员“找货架”的时间。

不论用什么方法，分拣工作始终摆脱不了“工作人员走到商品储存货柜前”的传统模式，其中光是“走”的动作就已经占据了分拣工作 50% 的时间。而且还要尽量避免拿错商品以及商品数量不足、破损、污迹等问题。因此，肉眼确认和检查都需要花费人力和时间。

如今，我们研究的课题是，通过引进 AI 技术，取消“走”的动作并通过图像识别技术省去“检查”工序。

物流中心的 AI 应用策略

AI 技术也开始在物流中心大显身手。特别是技术显著进步的分拣机器人，我们期待它们能为我们大量节约成本。下面我就来介绍一下配送管理系统。

进化中的分拣机器人

其实物流仓库工作机器人分为许多种类，十分值得研究。相信大家也都在电视上看过相关的介绍，大型家具销售公司的物流中心使用的机器人系统，是挪威公司开发的，这种引进的仓库则被称为“模块化机器人仓库”。

在巨大的箱式储藏库中，密布着集装箱，储藏库上方有许多机器人，按照纵横的轨道运行，它们会把目标商品的集装箱提起并输送到分拣工作人员所在的柜台。工作人员不再需要在物流中心内来回奔走，搬运沉重的货物，工作效率提高到了原来的四倍。而且，人气商品集装箱一般会堆放在上方，AI 通过自主学习，在机器人暂停期间可以自动进行集装箱位置替换。有报告称，通过集装箱位置的变化，可以比原来节省约 40% 的库存空间。

美国亚马逊公司的先见之明就体现在，商品货架由机器人负责搬运。它就好比巨大版的家用“扫地机器人”，它能移动物流中心的地板，还能伸入货架底部，将货架搬运至每个分拣空间。速度平均每秒 1.7 米，几乎和人类步速一致。

录入进货商品后，机器人就开始搬运它的商品货架。根据屏幕显示的工作指示将商品入库后，机器人便会将空货架自动运回保存货架的地方。

分拣时，装有订单商品的货架就会自动移动到分拣员的面前。工作人员可以根据屏幕显示的工作指示，完成拿取商品、扫描条形码和装箱一整套流程。

这种机器人看起来也能在仓库内纵横游走，但它们会读取物流中心地板上的二维码，自动搜寻最佳行进路线，而不会和其他机器人相撞。并且，装有人气商品的货柜会被安置在分拣区附近。这些机器人性能十分卓越。

网络销售和电商企业率先使用了这种物流机器人，而批发业也在加快引进机器人的步伐。2018 年，日本大型批发企业就已经开始设立自动仓库，折叠集装箱和商品托盘会将商品自动输送到分拣员面前的分拣台前。

下面就是它的工作原理。分拣员在分拣用托盘定点位置等待，等到自动仓库传送来的商品来到眼前再进行接收，此时根据显示屏指示，进行扫描和检查，再将商品放入托盘。剩下的商品随后会自动被送回自动仓库。

装载完成后将商品放入运输机，它就会被运送到打包区域。之后商品会被送到各家店铺指定的分装区并被装入集装箱。最后这些商品会保持目前的状态被运至出货区。

这种分拣方式巧妙地利用了棚顶空间，提高了储存效率，它的进出货速度不比其他运输机器人慢，相当高效。

这套方法完成了分拣员“不能完成”的工作。由于省去了“走路”的时间实现了自动化，分拣效率提高了 1.5 倍。

此外，目前我们正在研究由机械臂代替人工完成“提取”“抓取”货物的工作。我们需要能够快速且准确地识别商品形状的高精度图像识别系统，并通过它能短时间判断机械臂的运行轨迹和抓取方式。

前文提到过，大型批发企业将要开始应用货柜分拣机器人，商品由 3D 传感器自动识别，机器人会自主判断运送方式。巨大的机械臂会抓住货柜，并将其放置在材料运输机上。由于机器人不会因为疲劳而减缓速度，因此效率远超人类水平。世界最高水平的机器人分拣效率可以达到每小时处理 600 个货柜。

另外，尽管目前的机器人还不能很好地抓取形状各异、大小不均的“散货”商品，但世界上已经有人开始研究最新型的机器人了。马萨诸塞州的 Right Hand Robotics 分拣机器人就是目前最先进的分拣机器人之一。

这种机器人的机械臂被称为“混合夹取型”（吸附和抓取动作），它能逐一抓取商品，并将之放置在输送带或运输机上。机械臂相当于人类手掌的部分装有吸盘和用柔软材料制作的“手指”，它可以抓取袋装、瓶装或管状等形状的商品。

机器人的优势在于能将学习到的内容上传至云端服务器，并和其他机器人共享信息。机器人之间的学习成果共享，也能促进机械臂技术的提高。

此外，还有能跟随在人类身后的自动跟随板车，很多企业都开始采用这些新技术。大多数物流中心都是靠人海战术工作的。但随着少子高龄化社会的到来，物流中心向 AI 机器人主导的自动化方向发展的必要性也将越来越凸显。

AI 技术打通节约成本的关键点："配送管理系统"

关于物流成本，今后最重要的主题在于配送费用。

根据日本国土交通省 2016 年发布的《关于驾驶员人手不足等运输业现状考察报告》，运输行业中年龄在 40～50 岁的中年人平均占比为 34.1%，而货车司机的中年人群比例则达到了 44.3%，整整比平均比例高出了 10 个百分点，可见高龄化的加剧程度。而配送业务面临的现状是，必须应对再次配送等各种过剩服务的要求。

高龄化加剧的背后是与长时间运输和高负荷的搬货工作成反比的低薪酬问题。年轻人很难主动选择从事物流工作。这导致货车司机的用人需求完全无法满足。

我们希望能够通过 AI 技术解决严重的货车司机用工荒问题。以往的配送要先凭借物流中心管理人员的经验进行数量预测，再制订车辆调度计划。当然，这一项工作也需要在过去数据的基础上进行，要想取得成效则要根据规则仔细将数据记录在电脑中，这道工序也必须耗费时间和精力。

不过，这样计算出的路线若不是由经验丰富的熟练工完成，也很难形成高效的配送系统。

比如A店“待检商品过多导致滞留时间加长”，B店则是“停车位少，拥堵时只能将货车停在大路上，而采用人工搬运的方法”，这些问题都需要由人工来解决，否则也算不上是功能齐全的物流体系，因此“经验”的重要性可能超乎我们的想象。

自引进AI技术后，任何人都可以制订配送计划，这样承载力和配送效率都会得到提高。当然，关于待命车辆问题的解决也可以使用AI技术。

配送计划需要在考虑司机人数、必要车辆数、发货顺序、配送路径等因素的基础上制订。此外还要考虑地理条件、道路情况、交付指定时间、装载规则、配送地收货规则等配送方无法控制的因素。

使用AI技术的配送系统，会将这些规则一并输入地图信息。它会以“最小成本配送”“最短距离配送”为关键点，在遵守规则的同时，自动规划出符合条件的最佳车辆调度计划。并且，还可以让机器自动学习熟练工在面对突发事件和出现问题时的判断标准。

在物流中心的配送室内，对驾驶员的指示、确认事项、配送路线变更等模拟实验，都是在公开的监控画面下进行的。例如，在地图上确认配送顺序、每辆货车的装载情况、收货情况都可以实时进行确认。

另外通过监控可以看到交通堵塞信息，如果配送路线有堵塞情况或发生交通事故，机器便能配合管控服务，自动计算到达时间，同时 AI 还能探索出最适合的配送路线，自动进行路线变更。

由于 AI 能够正确掌握交货延误的预计时间和货车目前的位置，因此我们可以迅速为客户分忧，避免对方的投诉。

在承载管理方面，由于使用了图像识别技术，装货卸货时间都实现了可视化。通过不断学习数据，AI 便能够自主判断出高效的装载方法，从而提高装卸货之类的重体力劳动的效率，减轻驾驶员的工作负担。

此外，摄像头或传感器如能实时掌握货车车厢内的装载情况，就能够实现在配送途中和其他货车对接。

此前装货工作和车辆调度计划都要依靠熟练工的经验，今后这一切都将开始走向自动化。有报告称，车辆调度工作的时间有望缩短到原来的 1/10，货车的周转率也会提高 1.4 倍，配送计划也将得到最大限度的优化。使用人工智能的自动运输虽然还要假以时日才能实现，但也将开始投入实际应用。如果这一切都能够实现，严苛的工作环境也将得到很大的改善。可穿戴设备探测酒精的功能、温度传感器、使用驾驶记录仪的驾驶管理等都是这方面的先例。

虽然大型公交公司已经引进了这些技术，比如驾驶员戴在耳朵上的传感器，可以探知本人难以发觉的“困意”，并在发出警报后，将这些信息传送给运行管理室，以提供安全驾驶服务。

总之，我们期待这些手段不但能降低车辆调度成本，也能提高车辆调度的速度。在引进无人机和自动驾驶货车之后，商品配送无人化就将指日可待了。

活跃在批发业中的 AI

AI 即将掀起批发领域工作方式的变革。AI 会向管理者发出指示，改变他们的工作方法，而且通过销售支持系统的 AI 化，也能提高零售业销量预测的精度，并为我们推荐有利于营销的商品陈列方式。批发业目前已经开始 AI 化，下面我就来谈谈其未来的可能性。

改变营业工作模式

可能不论哪个行业，经营的基础都是进取心和亲和力。批发业对于生产商制造的产品基本都会遵循代理店制度，然后再在这一基础上和零售业打交道。之后利用巧妙的商业谈判，促进商品采购。

这种方法和生产商促销同时进行，并进行商品详情的说明。由于生产商一方的负责人对商品材料、成分、说明等产品相关知识了如指掌，因此还要兼任批发销售负责人，承担协调生产商和零售商之间关系的任务。

只要掌握了销售方面的商业洽谈技巧，或多或少都能取得一定成果，但不同人的业绩必然有好有坏。销售业绩与洽谈次数、倡议书份数、提议商品数，以及时机和速度之间都有着密切关系，因此提高业绩的关键在于，是否能够高效地应用这个方法。而且，销售负责人会将过去的成功事例“铭记于心”，并无意识地进行自主分析，不断优化自己的销售活动。但是，成功率会因销售水平的不同而产生巨大的差距。

有些人由于缺乏和顾客接触的经验，缺乏对没有尝试过的商品的洽谈技巧以及数据分析的技巧，因此不能自主寻找新的工作方法。

AI 可以自主学习许多经验，并探索出工作方法。我们期待它可以应用到销售部门，并产生巨大的成效。信息收集、数据采集、制作报价单，以至于商务洽谈等销售行为数据，都由 AI 来记录。如果能妥善利用这些数据，业绩必然会超过平均值。

在引进 AI 技术时，不能完全由销售负责人来考虑何时采取何种方式进行引进。AI 引进后，便可以分析相关业务人员的各种行为，给能力有差距的负责人提出建议，负责人则可以按照指示采取行动。

AI 还会管理经营日程表，提出建议帮助我们完成经营目标。AI 通过学习，就能设想出提高业绩应该采取何种行动。

不论是顾客来访频率还是邮件往来内容，这些都是AI将来要学习的内容。

比如，对于业绩不良的销售负责人，AI会对其发出诸如“您还没给这位顾客介绍重要的商品，请尽快进行洽谈”“这封邮件内容不足，请改正”之类的警告。

AI追求的是将销售负责人的水平提高到平均值以上。如果有100名营业人员，其中25%属于优秀员工，50%的员工处于平均水平，那么剩下的25%就属于能力较差的员工。提高中间水平的员工的业绩，正是和其他公司竞争的关键所在。

AI会学习优秀员工的行为，并给其他销售部门负责人提供建议，从而缩小业务水平上的差距。因此，今后如何让AI学习这25%的优秀员工的成功事例，就是我们形成优秀团队的竞争目标。

提高精确度要靠销售支持系统的AI化

销售支持系统(Sales Force Automation)能减轻销售负担。我们目前经常使用的功能是，管理顾客信息、管理店铺销量、确认订单情况等。而加入AI功能后，这一系统的使用价值会得到提升。此前靠人的直觉判断的事情都将由AI根据数据分析的结果代为实行。

若想提高业绩，关键在于模仿成功经验。如今一些只有行内人士才能掌握的经营方略和产品的实际销售情况，只要利用好 AI 技术，就能分享给所有人。信息共享的同时也能扩展自身的销售相关知识。

大型批发企业经手的商品不下几万件。生产商为了卖出自家的产品，会给批发商的销售负责人施压。一家批发商平均要和数百家生产商建立商业伙伴关系，因此不可能和所有的生产商及时洽谈沟通。那么，对于现在该出售何种商品、什么品牌对提高销售额有贡献之类的问题，就可以交给 AI 去判断了。

批发业拥有自己的商品清单制度，这也是零售企业和批发公司关于批发涉及商品定下的制度。根据这个制度，所有零售企业会事先决定批发的品目。如果事前没有确定好商品，即便是畅销商品也无法批发给零售企业。因此零售商必须从商品清单中找到最适合进行商务洽谈的商品。而且，商品销售提案中必须标明当时的报价。虽然零售业有权决定零售价，但零售业处于竞争对手商超和药妆店不断竞争的环境，所以对紧随销量剧烈变化的报价十分敏感。

因此，尤其对推销时的报价，更要谨慎对待；而实际上这一部分工作全凭负责人的经验和直觉，所以往往缺乏理性。

此外，即便商品大卖，一旦和同类商品产生竞争，它对销量的影响可能会超过我们的预期。虽然我们有进行模拟实验的打算，但这方面的计算可能需要好几个小时，甚至好几天才能完成。

而销售支持工具在引进 AI 技术后，就能分析过去的出货数据以及市场销售情况，并给顾客选出适合销售的商品。另外，还可以设置具体的实施日期，或输入指定商品的销售价格，从而进行销售模拟，预测销量、利润和陈列效率。

由于新商品缺少过去的销售数据，预测起来十分困难，最终都是个人推测，缺乏根据。如果是超出预想很多的热卖商品，有时也会面临断货的风险。反之，如果低于预想，就要面临商品滞留的风险。因此，无论是推测销售数量，还是预测物流中心库存是否足够，都要看批发商的评价。

新商品的 AI 应用，要每天或每周使用在过去销售过的商品中与新商品功能、用途相似的商品发售后所收集的销量数据。并且，生产商的生产计划或者销售计划、电视广告投放量、品牌形象好感度、样品试用、悬吊广告之类的促销情况等相关信息，也要事前给出。结合这些要素，我们便能对此前无法预测的新商品的销售情况进行预测了。

如今商品在 SNS 等社交软件上的口碑，很大程度上影响着最终的销量。我们要通过收集过去的信息，提高 AI 学习能力，不断提高它的精确度。

如果这些构想能够实现，那么我们便能制定出最合理的首次出货量并最大限度地提高销售率了。相信在不久的将来，无论是特卖价格设定还是销量预测，都可能轻松实现自动化。

AI 自动化 ID-POS 分析

使用顾客会员卡的面板数据分析被称为 ID-POS 数据分析。它可以让我们知道什么时候谁买了什么商品，设想一下，我们趁这位顾客购买补充商品的机会，从某位与他的购买行为相似的顾客的购买记录中，提取出推荐给前者的商品。这种数据分析有利于提高顾客来店频次，并招揽回头客。

一般来说，每件商品都有“商品 DNA”，而为了深入了解顾客而收集的关于其兴趣、偏好、价值观等方面的信息，被称为购买者的消费者基因片段。

顾客可以分为“功能重视型”“价格重视型”以及“健康重视型”等类型，我们会结合商品数据来推测购买这些商品的顾客的属性。这样我们就知道“有很多这类顾客来光顾，我们应该多陈列这类商品”，从而帮助我们合理进货。

不过，店内商品不下几万件，上下架的频率非常高。当然，记录这些信息也大费周章。而且顾客偏好会随着时代的变化而变化，想要维护住一个组群（这里指拥有同样购物特征的一类顾客）也十分困难。

因此我们才要使用 AI 技术，让它自动将顾客分类并维护顾客。比如功能重视型顾客一并购买的其他许多商品，都可以被自动记录在对这一组群的购买印象中。AI 不仅能将商品归纳到组群之中，还能自动创设新的组群名。

如购买“功能重视型”商品和“价格重视型”商品频率相似的顾客就可以单列出一个新的组群，叫做“价格重视型＋功能重视型顾客”。

零售企业将商品记录进商品目录的工作，在很多情况下也会成为批发业的惯例，因此获得 AI 的帮助，有利于和其他对手企业形成竞争优势。

AI 摄像头分析，货架布置自动化

销售工作的一大重点就是常规商品陈列。所谓陈列，其实就相当于制作专柜设计图，决定哪个货架应该放什么商品、放多少。

批发业中的各家企业为了让自家商品目录中的商品抢占一个位置好的货架，展开了激烈竞争。换言之，它们在专柜内互相抢占地盘。从销售额比例来看，70% 属于常规商品，剩下的 30% 是特卖商品，常规商品在很大程度上左右了自家商品的销售额，因此要将主要精力投入进来。

以前，在陈列商品的同时还要进行货架设置，如果设置完成就要拍摄照片，再用尺子和铅笔做出“货架设置表”，使陈列位置清晰明了。随后再将照片和图表一并送至店内。

现在有了货架设置工具，人们可以在电脑上进行货架设置，自动形成数据。另外还有更先进的货架设置工具。比如具备分析功能，就是先录入 POS 数据，之后就能按照销量排序的 A、B、C 在销量栏上分别进行标注。

实际的货架设置工作，考虑的不仅是销量和大致利润等商品的竞争实力因素，也要考虑回扣率，即所谓的“场地费”。但是基于理论上的计算结果，很多情况下这些设置方式都无法采用，因此在销量和利润上都会造成巨大的损失。

虽然货架设置辅助工具的功能早已今非昔比，但货架设置工作目前还需要 100% 人工完成。

利用 AI 技术的自动货架设置，不需要人工判断，而是采用机器自动判断。下面便是具体的预想效果：

在专柜的货架之间设置 AI 摄像头，在这个专柜购物的顾客就会一直处于监控范围内。如果图像识别技术的精确度能够提高，就算不录入 POS，店方也能知道顾客何时购买了何种商品。并且，通过识别购买者的面部信息，还能对顾客进行归类。如果和会员卡信息一致，就可以确定这位客人是重点顾客。

货架设置的重点在于将商品群安置在合理位置，并决定这些商品应该占多大空间。

顾客行为分析常有“黄金区域”和“死角”之分。顾客最容易注目、最容易触及的位置被称为“黄金区域”，反之则被叫做“死角”。一般说来，这两个词属于推销的规划专业术语，从实务角度很难说明。

在专柜前，最瞩目的货架一般来说差不多有5～6个。如果超过10个，那么根据不同人所站立的位置，又会分出不同的“黄金区域”和“死角”。这时，想要判断何处是最佳陈列位置就很难了。

AI摄像头可以记录商品购买者的活动轨迹。比如在货架达到10个的饮料专柜，就能记录顾客走到中央，从所有商品中挑选并走近自己喜欢的饮料的情景，或者记录下顾客只是在专柜前随便走走看看等行为模式。

AI自动货架设置工具，可以学习顾客购物时的行进轨迹和购买商品的记录，并自动提示购买率最高商品所在的货架位置。只要输入POS数据、发货准备时间、发货周期、货架大小等条件，机器便会为我们自动设置最适合的商品陈列位置。此外，还能根据新的陈列位置计算出预计销量和销售额，从而实现利益最大化的货架设置。

具有竞争关系的零售企业之间存在差距，因此有必要将自家企业的商品战略体现出来。若将“优先买进这家生产商的商品”或“将这一品牌纳入商品战略”之类的事前信息输入AI，AI就能尽早以货架设置的形式，将这些要求体现出来。

我们通常会把非常热销的商品称为“S栏商品”，而又因为专柜空间有限，这些商品应当保有一定数量的库存。另外，AI 还会自动计算放在货架最上层、用于补充商品的少量库存的必要种类以及合理的库存数量。

批发业使用了 AI 化货架设置之后，就能给老客户设置最合理的常规商品陈列方式，从几千种新商品中，挑选出符合客户需求的商品，并设置合理的陈列位置和分区。

AI 还能结合销量、利润、库存的预想金额，为提高客户业绩出谋划策，从而使客户在和同行业的其他企业的竞争中取得优势。

之前提到的大型批发企业，它们会自主开发货架设置系统。未来，这些系统会整合之前耗费大量人力和时间才能做出的各种判断，并在此基础上实现货架设置的完全自动化。

集中洽谈，提高销售效率

如果将一天的销售工作分解开来，和客户商务接洽的时间就要占到约 50%，而剩下的工作中，最多的是日常业务，这一部分占比为 40%。日常业务中最占时间的居然是公司内部的文书写作。

日常业务几乎都是销售报告、改善报告、给上司提交的近期工作情况报告等文书，而作为销售之本的商务洽谈准备时间却非常有限，甚至可以说做杂七杂八的事情耽误了干正事的时间。

我问过不少批发业销售负责人一个问题:“现在销售方面最需要的AI功能是什么?”他们的答案往往是“电脑直接给客户发洽谈书”。商务洽谈资料对于销售来说十分重要。从他们对自动化的迫切需要中,我理解到如今销售工作的繁重程度。

营业的主要业务是找到顾客的烦恼和需求,并在最佳时机提出商品销售企划。如果这种为闲事奔波的现状不改变,那么批发业自身的存在就有危险了。

一旦AI的水平得到提高,那么不仅仅是分析和货架设置,就连与销售相关的邮件以及客户质询、投诉处理、商务洽谈报价、企划案书写等销售主要工作,都能由它代为完成。

对于客户的频繁质询,AI会分析其中内容,自动做出回答,并根据不同提问者,判断是否应该给予处理。如果是人工服务,AI会自动搜索需要由谁负责,需要销售负责人还是一般销售人员出面,并回复我们“此项工作内容十分重要,属于主要业务”“这项业务可以自动处理”等。

AI还能将电话内容文字化,这也可以作为一种和客户沟通的手段。虽然如今电话下单越来越少,但从此前的订单和发货记录来看,电话订货对于无法说出具体商品名称的客户来说,却超乎意料地方便。AI一旦学会了这方面的经验,便有可能提供精确度更高的服务。

今后 AI 便能代替人类做一些销售方面的工作，通过分析信息，帮助我们创造一个最适合营业活动的环境。目前营业领域十分重视打字快速、计算机操作熟练等技术。但是 AI 如果普及开来，这些办公技巧都会被淘汰。

当 AI 营业普及后，我们只需要一支“精锐部队”。我们的团队只需要由若干名业务能力极为优秀的工作人员组成。在销售方面，他们可以操控 AI 来进行商业洽谈，日常业务人员只负责销售支持工作。

由于人们不再受以往业务能力差别的影响，决定工作水平高低的只有销售支持水平。之前所讲的销售工作，包括会议、邮件、投诉处理等许多杂务。这些工作今后都会由 AI 来完成，而人类只需要专注于商业洽谈。

前文讲到过，无论是谁，只要稍有销售经验，都能取得一定的成就，而销售 AI 化会导致共同成果缺乏差异性。可以想象，今后人们为了出人头地，竞争会更为激烈。

对于零售业来说，批发业也可以算一种“服务业”，它包括很多诸如店面改造、商品陈列、销售支持之类的、只能靠人工而不能靠 AI 完成的工作。如果批发业能够提高对零售业的服务水平，从而调整零售业的成本，就一定能够寻求到提高自身销量的机遇。因此，引进 AI 后的冗余人员，也可以去服务业大显身手，而不会惨遭裁员。

批发业今后成长的关键是“以自家企业的优势，努力为顾客提供价值”。从深层次来看，就是如何解决困扰零售业的难题并满足它们的需求以及如何给零售业贡献利益和销量。批发业不仅要提供商品，还要提供销售对策、商场信息和解决成本的策略，从销售、物流、经营体系等方面为零售业提供综合性的支持。

零售 AI 的意义及其可能性

庆应义塾大学经济学院教授兼理化学研究所
A-P 中心团队带头人　**星野崇宏**

2016 年 4 月，日本政府联合了经济产业省、文部科学省和总务省，召开了人工智能技术战略会议。关于 AI 研究，特别是在世界各国政府、企业都投入了巨额的研究经费来研究的机器学习的应用方面，日本的研究水平还很落后。理化学研究所组织构建了一个全日本 AI 研究组织——AIP（革新智能统合研究）中心。笔者是这个中心经济经营方面的团队带头人，主要负责研究机器学习方法、经济统计，以及市场营销等方面的 AI 应用。

我们要在理解日本零售业的现状和环境变化的基础上，解读在流通零售领域应用 AI 技术的意义和可能性。

关键一步：使日本零售业利润率追上欧美

多年来，日本零售业生产率低下饱受诟病。而所谓生产

率指的是产出 / 投入所得到的指标。虽然对于投入和产出的定义各有不同，但这里我们先就劳动生产率展开分析。

比如，日本生产性本部每年都会公开“劳动生产率国际比较”。2017 年，在调整了物价水平差距后，对 35 个 OECD（经济合作与发展组织）加盟国的平均购买力进行了比较。其中，日本的就业人群平均每人的劳动生产值相当于 81 777 美元，在 OECD 国家中排名第 21 位，相当于排在第 3 位的美国的 66%，并且日本也没有达到 OECD 各国的平均值 92 753 美元。

抛开日本整体劳动生产值，单看零售业的情况，2012 年经济普查结果显示，全行业每年的平均劳动生产值为每人 502 万日元，其中批发业相对高一些，达到了每人 747 万日元，但零售业仅为每人 344 万日元。

日本零售业个人商店小卖店（传统零售）的占比超过了美国的 17% 和德国的 16%，达到了 26%。人口平均店铺密度方面，相当于每 1000 人便有 7.4 家店铺，和美国的 2.9 家、德国的 3.8 家相比，显然出现了店铺过剩状况，并且，日本的店铺面积较小，还有一些其他因素都影响了店铺运营的效率。

不过，超市和便利店等现代食品零售店铺方面的情况则大不相同。专柜面积平均每店 340 平方米，相当于美国的 1/3 和德国的 1/2。从店铺密度方面来看，日本、美国和德国都相当于每 1000 人享有 0.6 家店铺。销售额方面，日本为 366 万美元，德国为 447 万美元，美国则是 419 万美元。但是，从平均 GDP 角度看，日本虽然店面狭小，但销售额还是不错的。

换言之，区别于小卖店的大型商超等现代食品零售店，并没有特别过剩，而且平均销售额看起来也并不逊色。

利润率方面，2015 年经济产业省曾经对员工超过 50 人、且注册资本超过 3000 万日元的企业（零售业现代零售店规模）展开过企业活动基本调查，结果显示，全行业总利润率为 19.14%，而零售业则达到了 28.69%。在销售营业利润率方面，全行业为 3.67%，零售业为 2.88%。

在营业利润率方面，零售业不仅低于全行业平均水平，而且总利润率和营业利润率之间的差距，和全行业的 15.47% 相比，也比较高，达到了 25.81%。销售管理费过高已经十分明显。

下面我们再来看看国际对比。RESONA 银行在 2017 年 4 月发布了“QUANZ 报告”。报告称，北美地区零售业的净资产收益率（ROE）为 22.74%，日本为 9.88%，达到了北美的 40%。全行业中，日本企业的 ROE 为北美地区的 60%，这样对比来看，零售业的比率实在很低。ROE 的低下，恰恰显示了日本现代零售业生产效率的低迷。

尽管日本劳动生产率和美国、德国相比很低，但在商超等行业却出现了店铺过剩现象，并且除去小卖店的传统零售店铺的平均销售额却并不逊色。我们知道，ROE 显示了股东的纯利润，从这一观点来看，全行业中零售业的利润率特别低下。在销售管理费方面，不论是和日本国内其他行业相比，还是与世界同行业进行比较，它的比率则都很高。

日本零售业在全行业中，劳动生产值比较低，但是销售管理费占销售额的比例却很高。目前，零售业已经属于“不赚钱”的行业，悲观地说，将来这个行业的国内市场会越来越小，行业也越来越难发展。相比之下，外国的零售业 ROE 非常高，日本零售业也在努力缩减销售管理费，以期让净资产收益率赶上欧美国家。但这一切的前提是，能否渡过今后环境变化的难关。

避无可避的环境变化

零售业目前的环境正在发生着急剧的变化。对零售业影响最大的三条分别是:“成本提高”“需求变化”，以及“如何应对其他行业的发展”。

直接导致成本提高的主要原因是因人手短缺而造成的劳动力成本提高和原料价格提高等。关于人手短缺，日本厚生劳动省发布的《一般职业（包含兼职）状况介绍》称，2018 年 1 月，全行业有效招聘倍率提高了 1.52 倍，而商品销售方面则达到 2.63 倍，零售业人手短缺现象尤为严重。另外，由于受最低工资上调、临时工转正的影响，2017年上市零售企业的平均年薪已超过500万日元，可见，在少子高龄化的背景下，人手短缺的现象还将持续下去。此外，日本经济增长率未来将持续低于新兴国家，因此日本的相对经济地位将会下降且交易条件也会变差，同时短期汇率上升和原材料成本上涨的趋势，势必影响到食品、日用品的销售。

零售业今后需要更加准确地预测出消费者的需求，从而合理采购，减少浪费，再通过引进无人收银台、智能购物车减少销售人力投入，有效应对成本提高带来的问题。

需求变化是指伴随人口结构变化和消费者多样化而产生的需求变化。具体来说，就是少子高龄化和家庭规模缩小、双职工家庭增加、SNS等社交媒体带来的生产商广告投放变化、收入差距扩大引发的可接受价格断层等问题。零售业实体店和电商企业同样需要去理解顾客需求，采取相应的营销手段（如一对一的市场营销手段）。

此外，关于如何应对其他行业的发展的问题也十分重要。印刷业已经饱受无纸化办公和电子媒体的摧残，零售业的实体店也面临同样的困难。亚马逊和Start today（ZOZO旗下公司）等电商企业为了提高在B2C全部交易中的网购比例，使用了各种手段，比如美国亚马逊已经开始开设线下（实体店）店铺。

推进实体店和电商网站的有机协作

电商巨头亚马逊公司不仅打入欧美市场，2016 年和 2017 年在日本分别获利 108 亿美元和 119 亿美元（见美国亚马逊年报）。亚马逊公司在日用品市场实施的 Amazon Pantry，也对日本国内零售业造成了很大的威胁。另外，亚马逊于 2015 年设立了连锁书店 Amazon Books（截至 2018 年 3 月，已有 18 家分店），2017 年收购了高级超市 Whole Foods，2018 年 1 月在美国西雅图开设了无人超市试验店 Amazon Go，同年 4 月又和美国最大家电零售企业 Bust Buy 强强联手，各家媒体竞相报导。

亚马逊作为电商企业登陆实体店行业（从经营战略角度上理解）的这一行为，我们可以从多个角度进行理解。而媒体竞相报导 Amazon Go 的优越性，也起到了公关宣传效果。

实际上，如果一家 Amazon Go 相当于目前便利店的规模，就需要有十多个员工运营，需要配置数百个摄像头和传感器,不需要专人负责结账。但这样的店不可能大规模设置。此外，Amazon Go 若想和亚马逊的云端服务一样成为亚马逊的一大经济支柱，就必须在将来研究出传感器、系统以及配套的解决方案。而 Amazon Go 正是最佳的试验场地。

不过，我想指出的是，这种流程不仅出现在亚马逊的公关战略和试验中，还反映了它在其他方面更多的经营思路。

首先，从流通的角度看，拥有实体店可谓一大优势。面对遍及全美的 Whole Foods 超市，亚马逊也开始售卖生鲜食品，而两家公司通过共享流通部门来降低成本。亚马逊在中国设立了海运子公司，各仓库间运输用货车也属于公司。之后公司还会相继推出配送货柜 Amazon Lockers 以及 Hub 等业务。我们可以将之理解为对实体店拥有的最终消费者所展开的配送物流业务。

拥有实体店的第二个意义在于，可以根据消费者日常购物过程（客户旅程），详细地设定进货量（可预测的）。对于拥有实体店的零售企业而言，消费者的购买行为属于“必然能获得”的信息。可能有人认为专为获取这些信息而进军实体店行业并非良策，但此前一直通过线上浏览记录和购买记录去解读消费者偏好，并将在此基础上策划的市场营销手段作为竞争力源泉的亚马逊，此次行动的目的何在？

事实上，单凭线上行为是无法理解顾客何时才对商品和服务产生需求的。特别是食品和洗涤用品、沐浴露等快速消费品，关于这些日用快消品，只通过亚马逊的顾客数据是很难理解电商店铺需要如何安排进货周期的。

此外，对于消费者来说，购买服装、纺织品或者日用快消品等是有风险的。实际上，顾客在店内如何挑选商品这方面的信息对于商家考虑如何推销、如何定价是十分重要的。

实际上，亚马逊已经在国内外委托调查公司，收集包含实体店在内的购买行为数据，实施客户旅程调查。

近年来，零售业实体店和网店结合的全渠道零售战略所带来的强大竞争力引人瞩目。而亚马逊采用了“电商 + 实体店”的多元化经营模式，希望通过加深对线上线下两种类型顾客的理解，以自身的服务优势从竞争企业手中获取客源和市场份额。为了扩大零售业中电商企业的市场份额，亚马逊将不断扩大自家公司的份额，同时也会不断提高利润。

此外，有了实体店，不仅能获取信息，也可以进行诸如改变顾客偏好和购买行为的“介入实验”等。此前，在市场营销实效研究中，顾客在到店（或者访问电商网站）前就罗列好了购物清单（比如购买啤酒），这部分计划（在 DMCG 领域）所占的比例大约为 50%～70%，事前决定商品品牌的比例大约是 20%～40%。也就是说，部分顾客在事前没有购物计划，属于“非计划购买”，购物行为会受到店面陈列或试尝试饮、POP 广告、降价促销（价格促销）的影响，往往是到了现场才决定购买什么品牌。

另外，实体店还能作为新产品的展示窗口，和顾客进行互动交流（服务接触），而电商网站很难担负这些职能。

总之，现在亚马逊的实体店不仅能促进流通效率的提高，还能促进理解顾客行为，进行介入实验，进行服务接触，我们相信它能够促进亚马逊整体服务水平的提高，进而扩大市场份额，提高利润，最终帮助亚马逊打入实体店和流通领域。

事实上，这确实是一步好棋。在亚马逊创始人杰夫·贝佐斯的经营理念下，亚马逊将会把从电商和云端服务中获取的利益，用于扩展流通领域服务，扩大实体店规模。他将会进一步加快推进现在的经营方针。

那么，美国零售业是如何应对亚马逊这一系列的战略举措的？2017 年 10 月，美国 Toysrus 倒闭，同时也有很多企业和它一样受到很大的影响。而且美国沃尔玛由于在全美设有门店，却和电商企业联手进行打折促销活动，因此节省了流通费用，并设置了专用货柜，用于顾客到店提取在亚马逊线上购买的商品。此外，这些年中国的实体店多半也都以电子支付为主，电商企业的实体店也相继进入了零售市场。

日本老龄化极为显著，因此使用日用快消品送货上门服务的消费者越来越多。电商企业今后将会和实体店企业抢夺市场份额，在这一视角下，应该把老年人、有孩子的家庭作为目标顾客，但由于人手短缺，配送成本上升，电商企业很有可能通过收购实体店企业来打入这一领域。

今后，实体店和电商企业有机合作的全渠道零售战略将会不断渗透，在这一环境下无法做出商业决策的企业便有可能被电商企业吞并而惨遭淘汰。

四大高概率 AI 进军领域

流通零售领域已经呈现出人手短缺、原料价格上涨、需求变化等问题，为了应对这些问题，我们需要积极引进 AI 技术。无法做到这一步的企业，今后的道路只会越走越黑。此外，对于“进军其他领域”，我们需要端正态度迎接挑战，如果掌握不了主导权，那就要通过协作，引进技术并在实体店进行应用。

下面是我整理的引进零售 AI 的目的，以及相关 AI 的构成要素。

1. 精简店铺 · 仓库操作人工

在以实体店经营为主的零售企业的人工成本主要用于结算、订货、补货等相关工作。关于结算业务，许多超市已经引进了这样一套体系，即先让店员扫描商品条形码，之后再让顾客在专用机器上进行自助结算。另外，还有一些超市已经可以支持全自主结算业务，顾客可以自己扫描条形码。正如本书第 1 章所述，TRIAL 公司和 Remmo 公司已经联手推出了智能购物车，除了 Amazon Go 之外，中国各地也陆续出现了许多无人便利店。

关于订货部分，接下来的第 2 点和第 3 点也有所涉及。我们希望通过引进 AI 技术，不需要寻求专家的帮助，就能每天一次或多次地对商品（以 SKU 为单位）进行需求预测和订货，这样我们的工作也能实现半自动化。

在补货方面，工厂和物流仓库已经通过使用机器人和传送带实现了完全自动化，但考虑到超市和药妆店等大规模店铺成本颇高，今后恐怕不会采用，但我们仍可以通过需求预测和自动化订货，减少补货频率。

此外，AI 还能通过 POS 和库存信息检测出缺货现象，再加上 AI 摄像头对货架的监控，我们便能调整上货时间，并在恰当的时间进行商品调整，降低日常维护难度。

2. 提高需求预测、库存管理效率

商超和药妆店都以销售日用快消品为主，店铺选址周围的商圈和竞争对手都会对商品销量造成不小的影响。我们可以通过 POS 和 ID-POS 数据逐日以 SKU 为单位推算销量，来获取所有顾客过去的购物记录和来店频次等信息。我们可以很好地利用这些信息，在每家店铺都施行定制化需求预测，再在预测的基础上完成订货和库存管理，但遗憾的是，能够做到这一步的企业还很少。目前多数情况下，我们还需要让每家店的员工依靠他们长年的经验和直觉进行订货，但工作水平却因人而异。

特别是生鲜产品，通过经验和直觉采购必然也要想方设法回避风险。具体说来，就是尽可能采购合理，避免做无用功，否则便会因为缺货而错失巨大的销售时机，或者让顾客觉得这家店不够便捷且没有特色。一家企业可以共享大数据，比如，只要多家店铺不断完善需求变化信息，那么我们的需求预测精度也会越来越高，订货工作也会更加轻松。并且我们还可以进行关于“降价促销力度和销量提升率”的模拟试验，避免将工作都堆积在双休日，从而实现业务平均化。

随着人手短缺的加剧和人员流动性的增加，更多的优秀人才愿意投身工作待遇优厚的行业。因此，我们再不能期待员工能依靠长年积累的经验和直觉预测需求和合理采购，而必须引进 AI 技术，实现自动化办公。

3. 个性化市场功能和服务接触

接着第 2 点的问题继续讨论，我们从店内取得各种信息，增加了我们为顾客服务的手段，我们可以结合各个顾客的需求和购买行为进行促销活动。早在 15 年前，欧美零售业就开始使用 ID-POS，从顾客过去的购买记录中自动在收银台派发促销券，日本国内也正在普及这一方法。不过，值得注意的是，收银台发放的是下次购物可以使用的促销券，和此次购物并没有直接联系。

此外，顾客在使用之前提到的智能购物车给商品扫码后，还会收到相关商品的推送。商家还可以推送打折信息和购物返点宣传，顾客可能因此而改变购买行为（参考第 1 章）。

我们之前也涉及了一些有关亚马逊的内容，日用快消品和服装类商品容易出现“非计划购买”。另外许多人也习惯到商场去挑选品牌商品，因此生产商只要向零售商提供促销资金，就能有更多机会抢占过道位置的展柜，推出更多 POP 广告，进行打折促销活动以及设置试饮试吃点。这些促销手段的介入都能取得一定程度的市场份额，但需要投入大量人力。

不过，一旦引进AI和IT技术就能减少人工，并能随时取得数据，以验证何种经营策略更加有效。

近年来，通过满足顾客需求，打出店铺特色的经营理念逐渐受到重视。现在顾客不论光顾哪家店，都能找到品质不错的商品，因此做出自己的特色越来越难。

而且，以往的市场营销理念都是建立在相信顾客是根据宣传单上的促销信息来选择店铺的基础上的，但我们现在已经知道，促销广告的吸引力并没那么大。

能让顾客觉得"那家店的东西都是我想买的，东西质量又好，真方便"，这才是提高店铺特色的重点，因此我认为个性化市场营销才行之有效。

所谓个性化市场营销，也可以叫作一对一市场营销定制式。以超市为例，它包括：（1）通过需求预测和订货自动化避免那些能够吸引消费者来店购物的商品缺货；（2）通过带结算功能的购物车，显示相关商品推荐顾客购买（比如扫码了白菜、猪肉片等商品，AI就会推测这位顾客可能要做日式火锅，接着就会提示他购买诸如作料、萝卜、煤气罐等容易忘记购买的商品）；（3）向喜欢尝试新商品的消费者推送新商品折扣券等。只要做到"给这位顾客推荐这类商品"，迎合顾客偏好，提供商品信息，就能让顾客觉得在这家店铺购物非常便捷。我觉得，它对店铺特色的贡献远超几十日元的促销。

而且，通过这一方式，我们不仅能减少第 1 点中所提到的人工费，还能促进“非计划购买”，丰富顾客的生活。这样一来，我们今后就可以把人工费投入只有靠人工才能完成的服务上了。比如，店铺入口设置接待台，如果有老年人进店，店员便能通过手持设备确认这位顾客的购物记录,帮助他购买商品或合理推送各专柜的商品等。这些工作，虽然零售业过去也做过，但由于效率低下而被废除。现在它们又可以将力量集中到人工服务上了，这就是实体店的优势。

换言之，服务台（顾客获取服务的地方）如果能给所有人提供服务，顾客便会产生“只有这家店才行”的想法，从而使店铺的特色更加突出。为了让我们的投资可以提高顾客的购物体验，有必要通过 IoT 和 AI 技术提高店铺运营效率。

4. KPI 和业务努力程度关系可视化及公司内外共享的必要性

第 3 点中提到过，如果在日用快消品及服装等专柜购买商品，很多情况下都是“非计划购买”，店员在专柜工作的努力程度，能在很大程度上影响顾客的购买行为。这方面已经积累了很多学术研究。但实际上，关于“什么手段能让销售额提高多少个百分点”，这样的具体分析十分有限。我们期待 AI 可以提供这方面的分析。

以我分析过的一个事例为例。某家商店派发宣传单的当天，销售额比平时提高了 17%。而实际上派发宣传单的进行时间多安排在周末，那么即便不派发宣传单，客流量也会增加。因此，如果考虑到时间对销售额的影响，再进行分析，就会发现，宣传单只让销售额提高了 3% 左右。通过这种分析方式，除了吸引消费者的手段（比如宣传单）之外，还有其他相关变数（包括是否有会员积分日、价格促销、主通道陈列等）都可以转变为信息而积累下来。而进行这样的分析需要掌握一定程度的专业统计分析知识，因此很难每天都在工作中进行。

店内的工作人员只要能够看到销量、客流量、顾客平均积分，就能大致分析出每种促销手段对销量的贡献。他们可以根据这种程度的认识，来制定每天的促销手段。也就是说，如第 2 点所提到的，根据需求预测而进行的订货工作水平因人而异，因此很难说一个团队都能共享学习成果和知识，并做出适当的评价。

现行的促销手段之所以无法带来利益，最主要的原因是，整个团队尚不能明确员工或者整个企业做出什么样的努力和投资才会产生结果，且这些信息还不能共享。当然，由于个人业务水平不一，关键绩效指标（KPI）也不一样。即便这个指标的设定关乎营业利润率及 ROE 对企业整体收益的贡献率，但必须清楚这样的设定其实并不多见。

比如，我们将生产商的店铺销售 KPI 设定为销售额。销售负责人平均两到三年换届，一位主管在自己任期的最后一年通过降价促销来提高销售额，这是比较合理的。也就是说，他想提高最后一年和前一年销售额的比例，因此实施降价促销，大多数情况下，这可以在短期内提高销售额。

不过，通过降价促销实现的销售额环比增长，会在短期内使利润率下降，并且也会引发一些长期问题。因为，行为经济学实验研究表明，“降价会拉低顾客（心目中的）评价”，还会“使顾客期待下次降价”（这就是参考价格效应）。换言之，前任主管实施了降价，下一任主管就要面对“顾客觉得降价后的价格才合理”的情况，一旦恢复原价，对于顾客来说这就相当于涨价，因此很可能造成销售不畅。

这就是经济学上的委托代理问题的一种表现形式。委托代理问题是指“委托人委托代理人进行有利于委托人的行为，而代理人（利用委托人不能准确评价、掌握代理人行为的信息非对称性）采取了重视自身利益的行为，导致委托人利益严重受损”。比如我们把店铺经营主管视作代理方，将生产商视作委托方。一方面，生产商总公司作为委托方，为了确保长期利益需要将自家的商品价格控制在一定范围内。另一方面，经营主管作为代理方，需要通过销售额保持自己的业绩。因此，为了提高销售额而不顾利润率进行降价促销便成了一种简单的手段。

而且，不仅是店铺销售负责人和生产商之间的关系，我们把零售商（经营管理层）视作委托方，店内工作人员或店长视作代理方，同样也会出现类似的状况。

经济学家对委托代理问题本身已经给出了结论，即导入代理人的成果报酬制度。有了成果报酬，代理人便会为了实现委托人的利益最大化而采取行动。但是，实际的经营中，不论是人事评估还是报酬设置，都面临一些问题。这些问题在于，仅靠（企业本身目标）利益、销售额、成交量是不足以评价代理人的努力成果的。具体说来，一般的销售管理费要分摊给每个销售负责人和店铺，这项工作非常困难，因此成果报酬机制难以实现。

小企业的销售额和销售管理费的详细数据互相关联，因而能够使用，它的好处是，我们可以通过它来了解店铺做出什么样的努力才能提高利益，并且也方便引进新的工作方式，让在店内的员工或销售负责人采取能够促进利益提高的行动。若将零售企业视为代理人，将批发商、生产商视作委托人，那么上文的观点同样成立。

以上四点要素，便是零售领域引进 AI 技术的意义。上文中的第 1 点讲到了 AI 技术能在精简人工方面发挥很大作用。此外，第 2 点、第 3 点和第 4 点提到的问题，不仅要靠 AI 技术来解决，还要通过市场营销的数据学、统计分析，或者经济学的产业组织理论来解决。我们会利用目前的研究积累更高效地解决这些问题。不过，日本国内这方面的专家太少，亟需这方面的人才。现今的零售业无法持续地聘用到这个领域的优秀人才。因此我们有必要使用配套高精度算法的 AI 系统。

结 语

各位是否已经感受到 AI 为流通零售业带来的这场地壳般的运动了呢？如今我们身处电商企业主导的大环境，定制化、数字化市场营销的浪潮已经波及实体店，我们正面临着流通零售领域的一场大变革。这是对人类现有认知的一次革命。行为经济学指出，人类的行为未必遵从事前计划。通过使用 AI 技术，能否解读出人类在购买行为中的思维方式和行为模式——这是今后企业间竞争的关键点。

本书不仅邀请了零售业人士，还邀请了与供应链相关的生产企业、批发企业的专家来参与到本书的创作过程中。各家企业本就是具有竞争关系的企业，因为研究会的活动，互相交换了经验，公开了成果。通过开放式创新，解决了仅靠一家企业无法解决的诸多问题，这正是本研究会的宗旨。这些企业家正是因为赞同这个宗旨才会走到一起的。在这里，我要感谢他们能协调好各自公司的工作，拨冗执笔。

此外，我还要向奋战在店铺第一线的 TRIAL 控股集团和 SATUDORA 控股集团的有关人士，以及从本书构思阶段便给我们鼎力支持的日经 BP 社的市岛洋平先生表示深深的谢意。我相信本书一定会给各位读者朋友提供一定的参考价值。

一般社团法人零售 AI 研究会代表理事　**田中雄策**

北京阅想时代文化发展有限责任公司为中国人民大学出版社有限公司下属的商业新知事业部，致力于经管类优秀出版物（外版书为主）的策划及出版，主要涉及经济管理、金融、投资理财、心理学、成功励志、生活等出版领域，下设“阅想 · 商业”“阅想 · 财富”“阅想 · 新知”“阅想 · 心理”“阅想 · 生活”以及“阅想 · 人文”等多条产品线。致力于为国内商业人士提供涵盖先进、前沿的管理理念和思想的专业类图书和趋势类图书，同时也为满足商业人士的内心诉求，打造一系列提倡心理和生活健康的心理学图书和生活管理类图书。

《AI：人工智能的本质与未来》

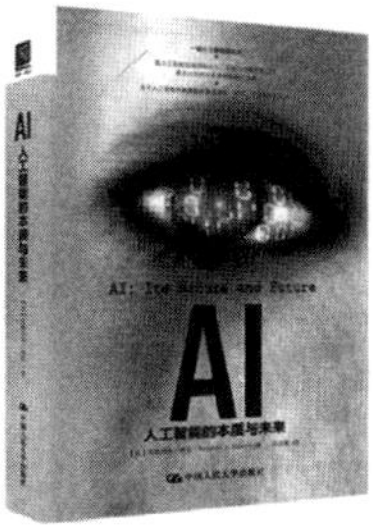

- 一部人工智能进化史。
- 集人工智能领域顶级大牛、思维与机器研究领域最杰出的哲学家多年研究之大成。
- 关于人工智能的本质和未来更清晰、简明、切合实际的论述。

《匠心设计 1：跟日本设计大师学设计思维》

- 深入解析日本一线知名设计大师匠心设计背后的思考方法。
- 用设计思维助力企业完成从品质经营时代到设计经营时代的成功转型。

《匠心设计 2：跟日本企业学设计经营》

- 深入分析日本产品备受消费者青睐的原因。
- 揭秘日本知名企业的设计经营之道。
- 助力企业突破传统经营思维的局限性，拓展市场新出路。

《机器脑时代：数据科学究竟如何颠覆人类生活》

- 我们已经进入了数据 + 算力 + 算法发挥着巨大威力的机器脑时代。
- 在揭示机器脑时代本质的基础上，作者对经营、工作、数据等战略问题进行了三位一体式的讲解，为个人和企业在机器脑时代获得长足发展献计献策。

《语音界面冲击：人机交互对话的未来与应用》

- 语音技术将重塑人和机器的关系，为我们带来远远超乎想象的未来。
- 语音技术的进步使科幻电影中人机对话的场景正在逐渐走进现实生活。

《区块链冲击：改变未来产业的核心技术》

- 葡萄创投创始合伙人、飞鸟社群 CEO 王昆作序推荐。
- 日本 15 位权威专家专业解读区块链对金融、商业以及个人、社会和世界所带来的深刻变革，前瞻性展望区块链技术未来的发展趋势。